北京体育大学精品立项教材

擒拿格斗教程

主编　马学智

北京体育大学出版社

策划编辑　钱春华
责任编辑　钱春华
责任校对　张　洋
版式设计　博文宏图

图书在版编目（CIP）数据

擒拿格斗教程/马学智主编．－北京：北京体育大学出版社，2008.10（2020.8重印）
ISBN 978－7－5644－0051－4

Ⅰ．擒…　Ⅱ．马…　Ⅲ．①擒拿方法（体育）－教材②技击（体育）－教材　Ⅳ．G852.4

中国版本图书馆CIP数据核字（2008）第144237号

擒拿格斗教程　　马学智　主编

出版发行：北京体育大学出版社
地　　址：北京市海淀区农大南路1号院2号楼4层办公B－421
邮　　编：100084
网　　址：http：//cbs.bsu.edu.cn
发 行 部：010－62989320
邮 购 部：北京体育大学出版社读者服务部010－62989432
印　　刷：北京虎彩文化传播有限公司
开　　本：850mm×1168mm　1/16
成品尺寸：280mm×203mm
印　　张：13.25
字　　数：374千字
版　　次：2008年10月第1版
印　　次：2020年8月第3次印刷
定　　价：40.00元

《擒拿格斗教程》编写组

策　划：张明廷　北京体育大学武术学院　院长

王华锋　北京体育大学　教授

顾　问：朱瑞琪　北京体育大学　教授

主　编：马学智　北京体育大学

副主编：张成明　北京体育大学

周小青　北京体育大学

薛宝利　北京市人民警察学院

编　委：张冬琴　北京体育大学

荣依群　北京体育大学

陈　超　北京体育大学

王美龄　北京体育大学

王　鹏　北京市人民警察学院

崔　建　北京市人民警察学院

戚敬超　北京市人民警察学院

动作示范：李少丹　代增增　徐长江

摄　　影：马学智　张成明　张冬琴

前　　言

擒拿格斗课程是北京体育大学为民族传统体育专业本科学生开设的武术对抗副项课程。通过本课程的学习，使学生了解和掌握擒拿格斗的基本知识，学习并掌握擒拿格斗的基本技法，身处不同状态下熟练掌握和灵活运用控制与反控制的技能。

中国武术博大精深，各武术派系有着不同的技击理念和招式，但如何既能发扬传统武术的技击性，又能在竞技赛场展示武术徒手搏击的激烈、刺激和对抗性，是许多武术专家多年来一直研究和关注的问题。从早期的武术徒手搏击比赛来看，比赛是没有规则的，凡是致伤、致残、致死的招式都可以用。随着社会的发展和进步，比赛有了规则，但技击招式的范围有了局限，当代散打运动的技击方法只限于拳、腿、摔，并且倒地后暂停比赛。因此，为了继承和发扬传统武术国粹，保证武术技击竞赛的可操作性，经过多年的研究和实践，借鉴国内外多种形式的搏击项目开展现状，整和踢、打、摔、拿及地上的纠缠打法，按照当代竞技体育运动的规律和特点，创立了擒拿格斗教学内容的竞赛训练体系，恢复武术本质。

擒拿格斗课程原为武术传统项目选修课，开展至今已成为北京体育大学 2007 年教学计划中武术对抗副项课程。开课的近 10 年中，在广泛征求学生意见的基础上，经过散打教研室全体教师的反复研究、共同探讨与实践，尤其在武术学院院长张明廷老师的大力支持与创新理念的鼓舞与激励下，同时征求老专家的意见，对北京体育大学武术教材中擒拿格斗课程进行了重新定位。在继承传统武术徒手技击的基础上，结合当代竞技体育规律与特点，凸显擒拿格斗的极限性、体育性、防身性、技击性的特点，并通过对抗体育比赛的形式提高擒拿格斗技法的实战性、可操作性，使得传统武术技法突破过去仅仅是说招、讲招，并考虑动作的危害性使得技法无法开展实战的窘地。同时由于擒拿格斗实战的可操作性，为专业人士、业余人士、热爱与推崇搏击运动的仁义之士提供了展示各路武术传统技法的竞争舞台，保证了擒拿格斗面向大众，无论防身、健身，还是从事专业训练，均有所益。

教材从理论的层面阐述了武术徒手搏击的源起与发展，竞技散打运动的起步与发展，擒拿格斗运动的创立，课程体现了擒拿格斗特有的育人功能、健身功能、娱乐功能、经济功能。课程从格斗层面上传授了身体站立与身体地躺的状态下，徒手与徒手之间的格斗技法和技能，明确立体作战的模式，强调了双方对抗格斗中如何掌握和提高运用技法的能力。本教材在教学内容上作到面对实际，全面学习，重点掌握，突出实效，同时把握对抗格斗项目本身的规律和特性，保证教材的整体性和连贯性。教材在具体使用时要根据本校的教学计划及教学对象的实际，编写教学大纲、安排教学进度。

当今，竞技体育已进入一个无国界的全球化时代。中国武术搏击的发展必须要适应全球化趋势的要求。擒拿格斗以其自身特有的魅力顺应时代要求，逐步与国际接轨，将会拓宽现代搏击竞技体育的发展空间，丰富了现代搏击竞技体育的内容，引领武术搏击的发展方向，为现代搏击竞技体育运动注入了新鲜血液。

擒拿格斗运动的开展需要时间的检验，请专家提出宝贵意见，我们将不断丰富、完善、改进。教材在编写的过程中，参考、借鉴、运用了许多专家、学者的研究成果，在此表示感谢。由于编者水平和经验有限，不足之处，望广大读者批评指正。

北京体育大学武术学院教材编写委员会

2008 年 5 月 15 日

目　　录

第一章　擒拿格斗概述

擒拿格斗是以踢、打、摔、拿为内容，以双方站立格斗与地趟格斗为形式，以控制和制服对方为最终目标的对抗性体育运动，是武术徒手搏击的重要组成部分。

擒拿格斗源于武术徒手搏击，以竞技体育为内涵，把踢、打、摔、拿进行了有机整合，突破了散打倒地后暂停比赛的规定，把对抗推向极至，是散打运动的延伸和扩展，是武术徒手搏击遵照当代竞技体育规律与特点的展示，是武术徒手技击的原始再现。

第一节　武术徒手搏击的源起与发展简况

一、武术徒手搏击的源起

武术徒手搏击，源于人与兽斗和人与人斗。原始时期，“人民少而禽兽众”（《韩非子·五蠹》）。考古化石表明，当时猛兽极多，特别是剑齿虎，牙齿扁平锐利，十分凶猛。在云南的沧源原始岩画中，就有人与野兽搏打的描绘：画面上有两人双臂展开与兽搏斗，另有一人两手各持短棒似赴援者。《淮南子·览冥训》讲：“往古之时，猛兽食颛民，鸷鸟攫老弱。”《山海经》说：“封豨（野猪）脩蛇，皆为民害。”《毛记》说：“暴虎，空摇篮以搏之。”在这样的自然环境中，人类为了生存和获取食物，除制造和使用简单的工具外，还必须依靠自身的徒手技能与大自然斗争。据记载，早在原始部落之间发生大规模战争之前，原始先民之间便为争夺头领、领地而进行争斗了。《吕氏春秋·荡兵》说：“未有蚩尤之时，民固剥林木以战矣。”又说：“争斗之所自来者久矣，不可禁，不可止。”到了氏族公社时代，由于物质利益，部落之间经常发生战争。而使用武力就成为他们掠夺财富的一种最主要的手段。“蚩尤作兵，伐黄帝。”（《山海经·大荒北经》）“黄帝与炎帝战于阪泉之野，三战，然后得其志。”（《史记·五帝本记》）在这些战争中，除器械之间的拼杀外，徒手搏击不可避免，要求人们必须掌握一定的搏斗技能。由于长期部落之间的战斗并经过实践的运用和总结，促使了原始形态的徒手搏击技能有较大的积累和发展，逐渐形成了攻防动作的技巧，由此产生了武术徒手搏击的萌芽。在此基础上积淀了越来越丰富的搏击经验并逐步形成了自觉、合理运用这些攻防动作技巧的观念，搏斗技能逐渐走向技术化，并在以后的生存斗争中得到了充实和发展。

二、武术徒手搏击的发展

中国进入奴隶社会，即夏、商、周时期，作为具有独立形态的武术徒手搏击即“手搏”形成了，成为服务于奴隶主的一种技能。商周时期，《诗·小雅·车攻》载：“搏兽手敖。”“敖”是地点，意为在敖这个地方“田猎搏兽”。《诗·郑风·大叔于田》说：“袒裼暴虎，献于公所。”《毛传》释："空手以搏也。"《殷本纪》说："帝纣……材力过人，手格猛兽。"可见这种"搏兽"已非生产技能，而是独立地服务于奴隶主贵族田猎活动的搏斗技能。除"搏兽"外，亦有"搏人"的记载。《周礼·夏官·环人》载："（环人）搏谍贼。""搏"在这里是拘捕的意思，拘捕之法应包括"手搏"之技。《礼记·月令》载："孟秋之月……禁止奸慎罪邪，务搏执。"这是西周奴隶主贵族为防止奴隶的反抗暴动，让司法人员重视搏执的练习。这表明武术徒手搏击在周代已形成并发展到一定的水平。铜器的出现，增强了搏杀的血腥，也伴随着武舞的登场。

到了春秋战国时期，由于社会的动荡不安，步兵的崛起促进了徒手搏击的发展。《左传·僖公二十八年》载："晋候梦与楚子搏，楚子伏已，而鉴其脑。"杜预注："搏，手搏也。"《左传·成公十六年》述："叔山冉搏人以投，中车所轼。"《荀子·富国》说："是犹鸟获与焦绕搏也。"上述资料都反映了"手搏"技能此时已作为专门的搏击技能存在了。《庄子·人间世》载："且以巧斗力者，即乎阳，常卒乎阴，大至则多奇巧。"这里所说的较力相搏是有技巧的，反映了当时的武术徒手搏击也有摔法的内容，并有相当程度的发展。

秦朝收天下之兵，实行在民间禁武的方针，然秦王朝两世即灭，对武术徒手搏击的发展并未产生太大的影响。在1975年湖北江陵凤凰山秦墓中出土的一件木蓖上，有描绘该时期手搏的彩色漆画。从木篦上看双人是在台上比试，而且有裁判员。

到了汉代，武术徒手搏击有了进一步的发展。《汉书·甘延寿传》载："（甘延）试弁，为期门，以材力爱幸。"孟康曰："弁，手搏。"这说明当时是通过手搏科试来选拔期门军的武生。而且汉代《汉书·艺文志》录有关于论述手搏的专著《手搏六篇》，可惜亡佚了。《居延汉简甲编》第1304号简有6个字，释文是："相错畜，相散打。""相错畜"，即拿摔纠缠；"相散打"，则是分离后的相互击打。这说明武术徒手搏击已有了理论上的表述，从而扩展武术徒手搏击的范围，并且"武艺"一词在这个时期出现。汉代人著作中的"搏"大致有两种含义：一种是"索持"，即拿执对手，为拿和摔；另一种是"以手击之"，即打。

魏晋、南北朝时期，是一个分裂割据的动荡时代，民族战争和阶级斗争日益频繁而尖锐，使各种武技在相互对抗、相互制约、相互影响中迅速发展，起到了上承两汉、下启隋唐的重要作用。这个时期手搏活动也得到了延续和发展。安帝义熙六年（410年），"安成忠肃公何无忌自寻阳引兵拒卢循，……"参军殷阐曰："循所将之众皆三吴旧贼，百战余勇，始兴溪子拳捷善斗，未易轻也。"说明吴时所辖之地手搏已是民间娱乐活动之一，加快了武术徒手搏击在民间的普及，并得到延续和发展。"武术"一词在这个时期出现，其意指停止战争，发扬文治，并非反映现今武术之概念。

隋、唐、五代，尤其是唐代，社会经济、文化高度发展，中国封建社会进入了空前繁盛的历史阶段。这时有了武举制，既促进了武术向精炼化、规范化发展，又促进了武术在民间推广，从而激发了更多民众的习武热情。这一时期，比武几乎形成制度，比赛不穿护具，不分级别，赤身短裤，在台子上进行。这时，"角抵"、"相搏"、"手搏"已经混称并用。据《角力记》载："后唐庄宗性多能，癖好俳优并角抵战，或云自能此戏。尝诏王门关，与其角抵斗胜。又先约之曰：'卿不可多让。'门关退谢者数回，又谓之曰：'卿一拳倒者与节制。'及出手，果一拳下而仆，寻除幽州市度使。"这表明在角抵中亦用拳法，已不纯是跤法了。《资治通鉴》齐王天福八年（公元943年）载，南汉殇帝刘玢"好手搏"，"与储王宴于长春宫观手搏"。可见当时的武术徒手搏击不仅人民喜爱，亦是统治者宴乐观赏活动的重要内容。

两宋时期的手搏，已是"肘"、"拳"、"脚"兼用，并有翻转的各种变化。《史弘肇龙虎君臣会》中曰："二人拳手厮打，四下人都观看。一肘二拳、三翻四合，打倒分际，众人齐喊一声，一个汉子在血泺里卧地。"据《宋朝事实类苑》卷五十六《将帅才略》记载：知河南渑地县令钟世衡，了解到修庙宇之梁重大，众不能举，遂令"其干剪发如手搏者，驱数对于马前，云：'欲诣庙中教手搏’。倾城人随往观之。既之而不教，谓观者日：‘汝曹先为我至梁，然后观手梁，然后观手搏。’众欣然趋下山，共举之，须臾而止”。这段记载说明，当时人们对手搏这项活动是有极大兴趣的，而钟世衡正是利用众人欲观手搏的心理来完成移梁之事。也说明武术徒手搏击不仅能比武，而且也能表演，这是武术徒手搏击的重大发展。这时期比武的台子叫“露台”，比试叫“露台争交”。

在元代的八九十年间，宫廷曾先后10多次下禁民间持有兵器和习武，但无数次的起义又推动了民间武术搏击的发展。元代角抵盛行，但《元史》中同样也有关于“手搏”的记载，并且有了一定的发展。

明代是中国古代武术承上启下的重要发展时期，也是我国民间武术进入全面成熟的时期。此时的手搏多称为“白打”，亦称“角拳”或“搏击”，被列为当时的“十八般武艺”之中。明徐应秋辑《玉艺堂谈荟》卷31《白打钱》载：“按白打，徒搏也。武艺共十八般，……十八白打。”明朱国祯《涌幢小品》卷12说：“白打，即手搏之戏，唐庄宗用之赌郡，张敬儿仗以立功。俗谓之‘打拳’，苏州人日‘打手’，能拉人骨至死，死之速迟，全在手法，可以日月计。”可见白打是体现武术徒手搏击的一种主要形式。戚断光说：“既得艺，必试敌，切不可以胜负为愧为奇，当思何以胜之，何以败之，勉而文试，怯敌还是艺浅，善战必定艺精，古云‘艺高人胆在’，信不诬也。”这里所说的“艺”即搏击技法，而不是花套。“试敌”，即手搏，要求习武者得艺还要手搏，由手搏来提高艺的水平，说明在学习武术徒手搏击或套路时，首先要掌握招法，然后使这些招法能够在实战中运用，这样才不致于是“花拳绣腿”。这时期的比武叫“打擂台”，比赛设擂主，不许暗器，但签定生死文书。不分级别，“见红”、“倒桩”、“甩翻”为败。

清朝前期是我国民间武术蓬勃发展的又一个新的历史阶段。这一时期民间武术不仅进一步门派化、理论化、搏击化、套路化，而且兼有多种锻炼方式及功能。到了清朝后期，1840年鸦片战争打开了中国封闭已久的大门，中国传统文化与西方文化进行了全面的冲突、接触、交流与融合。西方文化的高势位让中国的有识之士幡然醒悟，并勇敢承认了当时中国的落后与不足，进而提出了“师夷长技以制夷”的主张，吸取西方文化先进的东西为中国的政治振兴、民族崛起服务。如，洋务派采用西方兵操编练“新军”，采用新式军事学堂的教育内容兴办“新学”等，开始主动探索、学习、借鉴、吸收体育制度、体育科学理论与体育思想，吸取西方德智体三育并重的教育理念，主张强身、尚武、耻弱的思想，同时人们开始重视武术的健身祛病、自卫御敌、养性修德的作用，这种趋势的发展，加速了武术进入体育化的进程，开辟了武术在体育领域广泛发展的前景。清末民初，武术一词开始沿用。

民国时期，军阀割据，连年战火，虽影响了武术的发展，但从总体看，仍呈发展趋势。这一时期，受西洋文化的影响，武术已趋向现代体育。上海成立了“精武会”；河北马良创编并推广了“中华新武术”；中央国术馆也相继成立，并于1928年10月28日由国民政府中央国术馆举行了“第一届国术国考”。“国考”的正试内容包括徒手对抗的“拳脚门”（散打）和“摔角门”及持械对抗的“刀剑门”和“棍枪门”。这次武术徒手搏击对抗赛，不分级别，不限流派，不带护具，可用手、肘、脚、膝，但不准攻击眼、喉、裆部，三局两胜，采取双败淘汰制。虽然竞赛规则简单，但开创了近代武术徒手搏击（散打）对抗赛的先河。1933年举办的“第二届国术国考”，就有了护具规定和要求，并在一定规则下进行对抗比赛。而同年在民国第5届全国运动会上设置的武术徒手搏击对抗赛，较“国术国考”前进了一步，采用了体重分级、录取名次的新规则，但没有时间限制，以至使竞赛的“国术场成了斗牛场”。武术本身就是一项技击术，所以徒手对抗形式倍受重视，向西方体育文化的学习也尤为突出，民国时期进行了以竞赛规则和竞赛模式为主的探索过程。但鉴于当时的条件和背景，武术徒手向西方竞技体育的学习仅处于被动意义上的初级阶段，正如南京中央国术馆创办者张之江所说的“比赛之法，评判之过程，俱在草创时代”。

新中国成立初期，武术套路被列为推广项目，随后在武术的研究发展中，主要将武术套路作为表演和竞赛的重点，但武术徒手搏击（散打）在民间仍有流传。

第二节　竞技散打运动的起步与发展

1976年以来，祖国各行各业经过调整、整顿，呈现出欣欣向荣、蓬勃发展的态势，文体界更是“百花齐放，百家争鸣”。作为民族传统体育项目的武术也走上了正轨，同时出现了全国的“武术热”。

由于民间对武术的狂热，许多人在学习武术和对武术的认识上存有很多偏见和误解。为了破除迷信，使武术在人们心目中有正确的认识并在比赛中得到检验和改进，从而全面继承和发展武术这一宝贵文化遗产，1978年国家体委运动司武术处成立了武术对抗项目调研组，在同年的全国武术套路比赛期间听取了部分教练和工作者的意见，并通过对个别武术家的访问座谈，向国家体委递交了《关于开展武术散手运动的报告》。体委对报告进行了研究，并提出了开展武术技击要“积极、稳妥”的方针，从而为散手运动的开展奠定了基础。

1979年3月，国家体委决定在浙江省体委、北京体院和武汉体院三个单位进行武术散手项目的试点训练，以便取得经验后逐步向全国推广。同年5月，在南宁举行的全国武术观摩交流大会上，试点单位作了汇报表演。9月，在第4届全国运动会上，国家体委又调集浙江省和北京体院散手代表队赴石家庄赛区，与河北省体委选拔组成的散手队进行了公开表演，在此基础上，初步拟定了武术散手的竞赛办法。在1980年5月太原市举行的全国武术观摩交流大会上，进行散手表演的省、市较前增多，同时北京体院和武汉体院进行了内部技术交流和座谈，为武术散手技术的规范和提高起到了促进作用。同年10月，在昆明举行的全国武术表演赛期间，国家体委调集了散手试点单位的负责人及有关人员，着手研究和座谈全国散手竞赛规则的工作，并拟定了《全国武术散手竞赛规则（征求意见稿）》。1981年5月，在沈阳市举行的全国武术观摩交流大会上，北京体院与武汉体院进行了第一次公开对抗表演赛。1982年1月，国家体委又调集北京、山东、河北、广东等省体委及北京体院、武汉体院有关人员，在北京召开了全国散手竞赛规则研讨会，确定了《全国武术散手竞赛规则（初稿）》，并按体重分设9个级别。随后按照这个规则，在北京举行了全国武术对抗项目（散打）邀请赛。同年12月在北京召开的全国武术工作会议上，在题为《团结起来，共同奋斗，开创武术新局面》的报告中指出：“技击尚处在实验阶段，要逐步积累经验，对待技击的开展要保持慎重稳妥的态度。”最后在大会总结报告中又提到：“关于武术技击，目前要限制在一定的范围内进行。”自此，从1983年武术散手本着“积极、慎重、稳妥”的方针，每年举行一次全国性武术对抗项目（散手）表演赛，并在不断总结、改进中充实和完善规则。在1988年兰州举行的散手表演赛上，开始采用设台比武的办法，从而确定了以擂台为民族特色的武术对抗项目竞赛形式。

1988年，在由中国武术研究院、中国武术协会主办的国际武术节期间，在深圳举办了首次国际武术散手擂台邀请赛。来自15个国家和地区的近60名运动员参加了为期3天的激烈角逐。中国队获得了7个级别中的5个级别冠军。这一竞赛形式和办法，很快被参加比赛的各国代表队所接受，他们称赞说：“中国散手安全、刺激、有特色。”这一时期，武术散手得到了各省、自治区、直辖市体委的普遍重视和支持，各地武术馆、校也如雨后春笋般建立起来，散手运动在群众中已有了广泛、深厚的基础，出现了可喜的局面。随着开展活动和参加比赛的单位不断增加，先后在成都、重庆、郑州、沧州、武当山等地举行了各种类型的全国性武术散手邀请赛。在此基础上，1989年国家体委把散手列为全国正式竞赛项目，同年出版发行了《武术散手竞赛规则》，并依照规则在江西宜春市举行了第一次散手正式比赛——全国武术散手擂台赛。

1990年，国家体委正式公布实施了《武术散打技术等级标准》。同年批准了14名散手武英级运动员。中国武术散手裁判员队伍，经过数年的实践和努力初步形成体系。同年，经过考核，国家体委又批准了第一批国家级武术散手裁判员。

1991年，全国武术散手比赛分为上半年举行的全国武术散手锦标赛（团体赛）和下半年举行的全国武术散手锦标赛（个人赛）。1993年，散手比赛被列为全国运动会竞赛项目，设男子团体1块金牌；1997年在上海举行的第8届全国运动会上分设3块金牌；在2001年广东举行的第9届全国运动会上金牌增至5块；在2005年江苏举行的第10届全国运动会上金牌增至6块（女子团体1块）；同时，1998年，散手比赛被列为泰国曼谷举行的第12届亚洲运动会竞赛项目，设5块金牌。

第三节　擒拿格斗运动的创立

人的需要是产生一切实践活动的内在动力。心理学家马斯洛认为，人的需要是有由低到高的层次的。在下一级需要得到满足时，高一级的需要就会成为主导需要并要求得到满足。在现代社会不断发展的条件下，散打在满足人们高层次的需要上发挥了越来越大的作用，不断满足人们强身健体、超越自我、争取胜利、获得奖赏、观赏比赛、调适情绪、铸就民族精神、增加民族凝聚力、宣扬民族文化等各种需要。反之，这些需要的不断被满足也促进散打向着完善、竞技性更强的方向发展。

中国传统文化虽然是以汉族文化为主构成的，但在几千年的发展过程中经受了很多次与其他民族文化的冲突与融合，形成了巨大的容纳性与极强的同化作用。中国社会长期处于一个封闭的、自大的、以东方文明为中心的平衡系统，由于其内部没有选择，外部没有交流，在不自觉中中国民族传统体育便会逐渐走向保守，很难依靠自己实现自我发展与壮大。中国近代，西方竞技体育虽以一种侵略的方式传入中国，以其“竞争激烈”和“胜负分明”的特点很快受到了中国有识之士的关注与提倡，同时也打乱了中国体育原有的平衡。西方竞技体育以其自身的魅力，使中国传统体育在对待西方体育思想时由拒绝变为融合。在西方列强入侵中国时，中国文化觉悟到自身的落后，由此而产生了痛定思变的原动力。中国文化开始了由封闭、愚昧、野蛮走向开放、文明、自由、繁荣和昌盛。体育是文化的重要组成部分，文化的发展促进了体育的进步，体育的进步又促进了文化的发展和拓展了文化空间。近代以来，中国文化在抛弃了许多落后于时代的思想和观点的同时，也吸收了西方文化中许多新的理念和内容，去其糟粕，存其精华，破茧重生。新中国成立以后，社会主义文化建设构成了中国社会主义建设的一个重要组成部分，对中国社会主义政治经济建设起到了极大的促进作用。武术徒手搏击转型为现代竞技体育项目——散打并逐步推广到国外，在国内丰富了社会主义文化的内容，在国际上宣扬了中国文化，展示了中国文化和中国民族传统体育、中国体育、中国武术传统文化的魅力。散打是武术徒手搏击的重要代表，但不是唯一。

中国武术博大精深，各武术派系有着不同的技击理念和招式，但如何既能发扬传统武术的技击性，又能在竞技赛场展示武术徒手搏击的激烈、刺激和对抗性，是许多武术专家多年来一直研究和关注的问题。从早期的武术徒手搏击比赛来看，比赛是没有规则的，凡是致伤、致残、致死的招式都可以用。随着社会的发展和进步，比赛有了规则，但技击招式的范围有了局限，尤其是当代散打运动，技击方法只限于拳、腿、摔，并且倒地后暂停比赛。因此，为了继承和发扬传统武术国粹，保证武术技击竞赛的可操作性，经过多年的研究和实践，借鉴国内外多种形式的搏击项目，整和踢、打、摔、拿及地上的纠缠打法，按着当代竞技体育运动的规律和特点，创立了擒拿格斗的竞赛训练体系。

国外综合搏击竞技可以追溯到公元前648年古希腊时期的第33届奥林匹克运动会，在当时被称为Pankration。参加者是擒拿格斗手中最优秀的摔跤手，或者是摔跤手中最优秀的擒拿格斗手。参赛者不仅需要高超全面的武技，其良好的心理素质和战术安排也是比赛取胜的关键因素。综合搏击竞技就是中国武术的踢、打、摔、拿，即擒拿格斗。

在巴西，格雷西家族于20世纪初期开展了现代综合搏击竞技运动，他们主要应用其家族自创的擒拿格斗术——巴西柔术，参加组织比赛。在比赛中，任何武技都可以使用，比赛不设时间限制，不分重量级别，比赛经常会持续几个小时，而取胜的唯一办法就是击败对手。

在俄罗斯、英国、法国、德国、西班牙、芬兰、挪威、荷兰、丹麦等欧洲国家都已先后开展起了综合搏击竞技运动。亚洲的科威特、阿联酋、韩国、泰国、菲律宾及中国台湾等国家和地区也都开始举办自己的综合搏击竞技比赛。日本现在已成为继美国之后的另一个综合搏击竞技运动发达国家。当代的综合搏击竞技职业运动员都是一些技艺高超的选手，他们都经过了多年的专业训练。现在的综合搏击竞技运动员，都是世界顶尖级的选手。由奥运会和世界锦标赛的摔跤、柔道、空手道、踢拳、柔术冠军，组成了综合搏击竞技优秀的参赛队伍。

当今，竞技体育已进入一个无国界的全球化时代。中国武术搏击的发展必须要适应全球化趋势的要求。世界性、洲际性搏击赛事越来越多。体育资源的国际化已经成为21世纪的新潮流，并继续对竞技体育的发展和体育文化的交流产生着重大的影响。擒拿格斗以其自身特有的魅力顺应时代要求，逐步与国际接轨，拓宽了现代搏击竞技体育的发展空间，丰富了现代搏击竞技体育的内容，为风靡世界的现代搏击竞技体育运动注入了新鲜血液。实践证明，擒拿格斗必将走出国门、走向世界，在世界搏击竞技体育之林谋取一席之地，为中国搏击竞技体育的发展将会做出不可磨灭的贡献。

第四节　擒拿格斗运动的特点

一、极限运动

擒拿格斗方法包括拳法、腿法、膝法、肘法、摔法，它是通过站立式擒拿格斗和地趟式擒拿格斗，以战胜对方为目地的竞技搏击运动。它不仅需要掌握站立式、地趟式的技术方法，而且需要站立之间、地躺之间、站立与地躺之间擒拿格斗的转换。它需要技能、体能、心理、品质的巨大支撑，才能达到擒拿格斗对身心的要求。擒拿格斗技法丰富，技能要求高，在学习训练的过程中，运动员必须充分挖掘个人全部潜力，逐步适应、逐步积累、逐步提高，与对手进行身体能力的比拼。伴随着技能的发展，体能中的人体机能、运动素质必须保证技能的发挥，尤其在竞赛中，擒拿格斗对抗激烈，每局比赛时间长，技术方法攻击性强，身体抗击打能力要求高，为了控制与制服对方，要把个人心理、运动品质发挥到极至，才能征服对方。因此，擒拿格斗训练人体负荷的要求远远高于其他同类任何一项搏击运动，它是人体身心极限的最大表现。

二、体育运动

擒拿格斗是一项体育运动。通过学习和训练，能够发展人的力量、耐力、柔韧、灵敏等素质。在进行擒拿格斗训练和比赛时，需要人体肌肉在高度紧张状态下，持续较长时间的工作，这对人体肌肉和其他功能系统的持续工作能力有较高的要求。特别是擒拿格斗比赛时，肌肉活动强度大，动作持续时间长，运动员的身体肌肉和精神高度集中，激发和促进神经系统、呼吸系统、循环系统机能的提高，从而增强和提高人的耐久力，使人体能够适应长时间高度紧张状态下的训练和比赛。在擒拿格斗练习和比赛时，运动员必须具有较大的绝对力量，才能达到攻防的目的。也就是说，必须具有重创对方的力量，才能在擒拿格斗比赛中占据优势和主动。所以，运动员都十分重视绝对力量的练习，经常做大量的力量训练以增加进攻时的威力。在擒拿格斗练习的过程中，也要注意绝对力量和速度的结合，通过最快的速度发挥最大的力量，是取得擒拿格斗比赛胜利的关键条件之一。擒拿格斗又是一项对抗性体育运动，可以发展人的心智，使人的身心得到全面的锻炼。擒拿格斗中最基本、最重要的素质之一，就是要具有高度的思变敏锐性和快速的反应能力。在擒拿格斗比赛和训练时，运动员要熟练地掌握运用各种技术方法，灵活地变化运用各种战术，并且要随机应变地随场上情况及时调整自己的技战术，同时要完成各种技术组合等，所有这一切，都需要运动员具有高度的思变敏锐性，具有快速的反应能力，否则就会受制于人，处处被动。擒拿格斗训练，从开始的基本动作、基本技法练习，到条件实战以至全面实战的练习过程中，在每个阶段和每个层次都对人的意志品质具有不同程度的考验和锻炼。初学擒拿格斗时，要忍受拉韧带的痛苦；攻防练习时，要承受击打和抗击打的皮肉之苦；加量加强度时，要克服疲劳之苦；进行实战时，要克服胆怯、犹豫、紧张、冒失等不良心理反应。坚持长期的擒拿格斗训练，可以培养习者勇敢、顽强、坚毅，不怕苦、不怕累，敢于拼搏的精神，进而形成成熟、稳健、积极向上的优秀品质。

三、防身运动

擒拿格斗是以双方互相对抗为运动形式，这就要求习者在实践中正确把握进攻的时机，防守要到位，反击要及时，从而建立正确的条件反射；同时还要针对不同的对手和双方临场的变化，提高应变能力，以及提高击打和抗击打的能力，这一切都完全起到了防身自卫和克敌制胜的作用。擒拿格斗的攻防技术比较简单，容易掌握，经过反复训练实践后，作为防身自卫的一种手段是非常有效的。通过擒拿格斗训练，还可以提高练习者的防身意识和自卫方法，在打和被打的练习中自然而然地掌握了防身自卫的本领，提高练习者遇到侵犯时自我保护能力。擒拿格斗为公安、武警、保安、军事特种兵应用到实战中，对促进中国警力、特种兵战斗力和整体素质的提高也将起到非常积极有效的作用。

四、技击运动

武术技击，是尽可能地影响人正常的生理活动，使对手的关节活动幅度的超极限、生理承载的超负荷、器官功能的超刺激、神经传导中断、气血运行受阻，从而达到制服对方的目的。技击术因人的生存而产生，又经过长期的发展在近代逐渐被纳入体育运动，它是人们遵循人体的生长发育规律和身体的运动规律，通过身体锻炼、竞技比赛等方式达到增强体质，提高运动技术水平，丰富文化生活为目的的社会活动。擒拿格斗的制胜理念是控制和制服，延续了传统武术技击“一定要战胜对手”的思想观点，承接了当代竞技体育的特点。擒拿格斗的格斗形式是立战和地战，拓展了竞赛训练空间，丰富了竞赛训练内容，继承了拳、腿、摔、拿的技法，其中地战技法的拳脚击打和地战控制、窒息、臂肩部反关节和腿部反关节的控制、要害部位的反擒拿，技法巧妙、灵活，系统性、攻击性极强。

第五节　擒拿格斗运动的功能

一、育人功能

中国是文明礼仪之邦，自古重视道德修养，历来把道德作为评价一个人的重要标准。孔孟主张修身为本、以德服人、正心诚意、见贤思齐、见不贤而内自省焉。他们认为“修”、“齐”的目的是“治”“平”，进而实现天下大同。中国传统文化十分崇尚道德修养，追求道德修养的尽善尽美。中国武术植根于礼仪道德文化，它深受中国传统礼仪道德的影响，在其几千年的繁衍与发展中，它始终不渝讲究礼仪、重视道德，并在长期发展中形成了自己的行业道德，即武德。擒拿格斗运动受传统武术的影响，“尚武崇德”是课程教育的重要部分，教学中十分重视“武德”的传承和培养。传统武术讲究“未曾学艺先学礼，未曾习武先习德”。擒拿格斗的教学训练始终注重培养青少年正确的人生观、价值观和道德行为，并逐步改造青少年的人生观、价值观和道德观，做到礼仪并重、德技兼修。在擒拿格斗的授课过程中，充分运用武德礼仪制度，从行为举止、仪态容貌、思想言行严格规范与要求，加强青少年个人道德修养，认真学习和遵守社会生活中最基础的行为规范，养成谦虚、宽容、礼让的高尚品德和尊师重道、讲礼守信、见义勇为的情操，同时提高青少年的综合素质，形成练习者与人为善、纯厚处世、宽容万物的气度。在以法治国和以德治国的今天，我们选拔人才的标准就是德才兼备。

二、健身功能

擒拿格斗术是一项较力、斗智、对抗极强的竞技运动项目，通过学习和训练，可以提高青少年的力量、耐力、柔韧、灵敏等运动素质，可以改善青少年机体内脏器官机能，促进骨骼和肌肉生长发育，增强机体新陈代谢，提高骨骼抗弯、抗压、抗折的能力；同时擒拿格斗术又是一项对抗性运动，可以发展青少年的心智，使人的身心得到全面的锻炼，对提高神经系统的灵活性有很大的帮助。坚持擒拿格斗训练可强筋骨、壮体魄。

擒拿格斗术是以双方对抗为运动形式，这就要求练习者在实践中正确地把握进攻时机，防守到位，反击及时，从而建立正确的条件反射，同时还要针对不同的对手和双方临场的变化，提高应变能力。因此，严格的擒拿格斗训练，能有效地提高人体的灵敏度和反应速度。在对抗训练中，要求练习者在极短的时间内，正确地判断并抓住时机打击对手或避开对手的击打，尤其双方在进行终极搏斗时，没有承受高负荷和高耐力的体质，是难于取胜的。因此，通过严格的、科学的、持之以恒的擒拿格斗训练，能够提高人的呼吸系统、心血系统、运动系统和神经系统的活动机能，有助于增强人体的抗受负荷的能力，强身健体。

三、娱乐功能

如今，随着物质财富的不断增长，人们的生活水平提高了，在基本的物质需求得到满足以后，便更加注重精神需求，特别是对生活质量的要求更高了。体育已越来越成为各国人民社会生活的重要内容，人们在积极参与体育健身的同时，把观看与欣赏体育运动比赛与表演也看作是一种文明高尚的精神文化生活，人们从观赏中得到满足的愉悦。体育比赛是一项最大限度地开发人体运动能力的活动，运动员在比赛中所表现出来的大大超过常人的运动能力有着极高的欣赏价值。在比赛场上，运动员的拼搏、竞技、力量之美感动世人，运动所展露的力量、速度、曼妙的身姿、野性、动感，从心理、视觉上都给人们带来了震撼、冲击，无不让人们感受到运动之美是一种具有强大亲和力与感染力的自然之美。擒拿格斗的比赛有着极高的欣赏价值和极强的娱乐功能。比赛中，运动员在生理和心理上都要求很高的竞技水平，需要勇敢顽强和吃苦耐劳的精神，这些充分体现意志美；比赛中的拳腿相加往来，控制与反控制，使人们在视觉、知觉上对运动着的人体在时间和空间的流动中感受到动态美；运动员在比赛中要拥有最大的空间，达到最高速度，显示最大力量，是对人体极限的冲击，是人的自我超越美；运动员在比赛中技战术的协调配合是运动员们经过长期的训练和比赛逐渐形成的，比赛展现的技战术配合已经达到了珠联璧合、天衣无缝的程度，这是运动员个人运动能力精细分工密切合作的默契美；对于运动员在比赛中所表现出来的勇于克服困难、顽强拼搏、锐意进取的精神，尊重裁判、尊重对方、团结友谊的道德风貌，又是运动员个人素养的文明美。

四、经济功能

当前社会对体育需求不断增长，体育健身、休闲、娱乐、竞赛等所带来的经济价值逐步被人们所认识，体育的经济功能从原有的隐藏状态中凸现出来，逐步发展成为体育的显功能而开始受到各国的关注。一些经济发达国家非常注意发挥体育的经济功能，追求体育的经济效益，甚至于把竞技体育作为谋取利润的工具。我国拥有世界上最多的人口和令人瞩目的经济增长速度，使中国正在成为世界上最大的体育市场。统计资料显示：目前我国服务业增加值只占 GDP 的 33%，不仅远远低于世界平均 64% 的水平，甚至也低于低收入国家 45% 的水平。作为新兴服务业的体育产业应发挥积极作用，在提高自身结构和素质方面有所作为，积极引入新的服务方式、服务理念和服务产品。在我国，随着全面小康社会建设进程的推进，体育的经济功能日益拓展和深入，有望成为我国新的经济增长点。

擒拿格斗运动具备了防身、健身、休闲、娱乐、竞赛等特点，为武术徒手搏击的产业化发展创造了优越的条件。散打南北争霸赛、散打王比赛、中美、中泰、中日、中韩、中法、中俄、中伊、中欧、散打俱乐部联赛、散打明星对抗赛、功夫王争霸赛等等赛事，通过商业化运作，取得了非常大的成功，极大地推动了散打运动的发展，为擒拿格斗运动的开展奠定了理论与实践的基础。因此，如果将武术徒手搏击与现代经济发展理论和科学管理理念进一步深入地结合起来，必将为擒拿格斗运动的发展提供更丰沃的土壤、为国家和地方经济的发展提供一条新的路径。

小　结

本章从武术徒手搏击的演进，阐述了擒拿格斗运动创立与开展的背景，对擒拿格斗的内涵与外延作了定义，在此基础上对擒拿格斗作了深层的定位，表明了擒拿格斗创新将产生的意义与功能，以及对老少进行防身、健身的作用。

思考题：

1. 武术技击与擒拿格斗运动的联系与区别？
2. 擒拿格斗运动的开展预示的经济价值与观赏价值是什么？
3. 擒拿格斗的体育性体现在哪里？
4. 为什么擒拿格斗要通过对抗比赛的形式进行开展？
5. 开展擒拿格斗是否伤害性较大，安全性不高？为什么？

第二章　人体基本知识

人体任何部位受到打击时，都会感到疼痛，有的甚至丧失功能，如人体关节受到超过生理限度的打击或压迫时，就会发生脱臼或韧带撕裂，出现运动障碍。只有清楚地了解人体解剖、生理等基础知识，才能够有效地进行教学训练，准确掌握有效的攻击部位，从而提高自卫防身的技能；只有了解人体关节的活动范围、薄弱部位的生理机能，才能在格斗中准确控制关节和攻其要害，制服对手，保护自己。

第一节　人体解剖学的基本定位术语

一、解剖学姿势

为了正确描述人体结构形态以及它们间的相互关系，必须制定公认的统一标准，即解剖学姿势和方位术语，初学者必须准确掌握这项基本知识，以利于学习、交流而避免误解。即身体直立，两眼平视前方，足尖朝前，上肢垂于躯干两侧，手掌朝向前方（拇指在外侧）（图 2－1－1）。

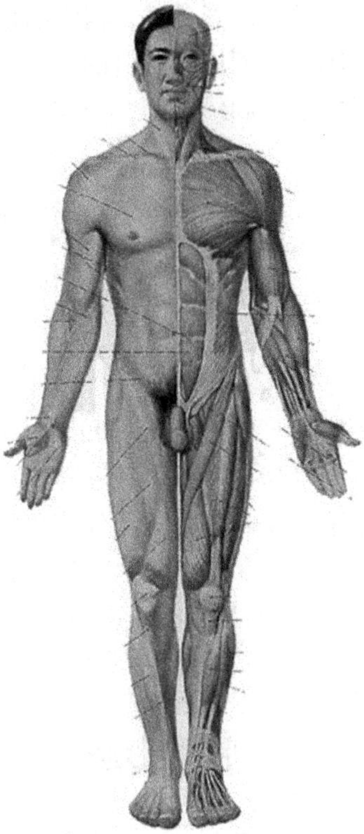
图 2－1－1

二、常用的方位术语

上和下：按解剖学姿势，头居上，足在下。

前和后：靠身体腹面者为前，而靠背面为后。在描述手时则常用掌侧和背侧。

内侧和外侧：以身体的中线为准，距中线近者为内侧，离中线相对远者为外侧；描述上肢的结构时，由于前臂尺、桡骨并列，尺骨在内侧，桡骨在外侧，故可以用尺侧代替内侧，用桡侧代替外侧；下肢小腿部有胫、腓骨并列，胫骨在内侧，腓骨居外侧，故又可用胫侧和腓侧称之。

浅：靠近体表或器官表面之部为浅。

深：远离体表或器官表面之部为深。

三、人体的基本轴和面（图2－1－2）

（一）轴：人体各部分的运动多为转动，必须绕一定的轴进行，这些轴被人们假设为通过关节中心的轴。以解剖学姿势为准，可将人体设三个典型的互相垂直的轴。轴多用于表达关节运动时骨的位移轨迹所沿的轴线。

1. 矢状轴——为前后方向的水平线；

2. 冠状轴——为左右方向的水平线；

3. 垂直轴——为上下方向与水平线互相垂直的垂线。

（二）面：人体的基本切面，也叫人体的基本平面。有矢状面、冠状面和水平面三个，它们互相垂直。按照轴线可将人体或器官切成不同的切面，以便从不同角度观察某些结构。

1. 矢状面是沿矢状轴方向所做的切面，它是将人体分为左右两部分的纵切面，因该切面恰通过人体的正中线，故叫做正中矢状面。

2. 冠状面是沿冠状轴方向所做的切面，它是将人体分为前后两部分的纵切面。

3. 水平面或横切面，为沿水平线所做的横切面，它将人体分为上下两部分，与上述两个纵切面相垂直。

须要注意的是，器官的切面一般不以人体的长轴为准而以其本身的长轴为准，即沿其长轴所做的切面叫纵切面，而与长轴垂直的切面叫横切面。

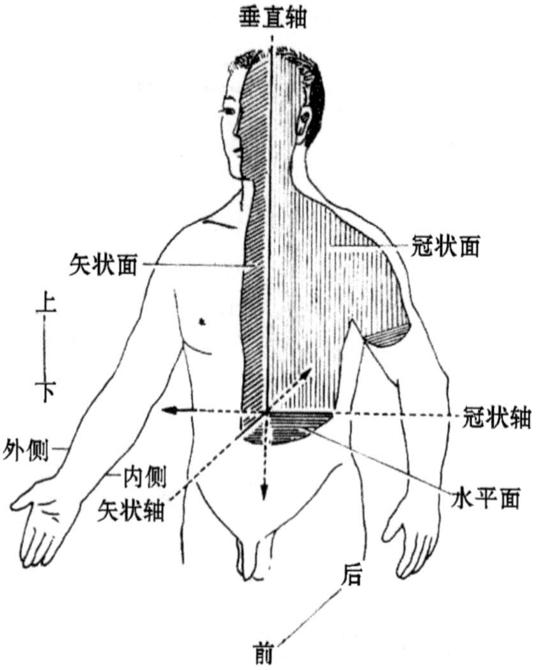

图 2－1－2

第二节　人体的骨骼及关节

一、骨　骼

骨骼是人体内最坚固的结构，在有机体生活中起机械作用。正常人有 206 块骨，可分为颅骨、躯干骨和四肢骨三部分。全身各骨连接成骨骼，构成人体的支架（图 2－2－1）。

（一）颅骨：面、脑颅骨 22 块，听小骨 6 块，舌骨 1 块。

（二）躯干骨：椎骨 26 块，肋骨 24 块，胸骨 1 块。

（三）四肢骨：上肢骨 64 块，下肢骨 62 块。

二、骨的形态

骨按形态，一般分为长骨、短骨、扁骨和不规则骨等 4 种。各骨的形态与所担负的功能相关。

（一）长骨：多呈长管状，主要分布于四肢，如肱骨、股骨等。长骨的两端膨大称骺，其表面有光滑的关节面；中部细长称骨干，内有空腔称骨髓腔。

（二）短骨：一般呈立方形，多见于承受压力较大而运动又较复杂的部位，如手的腕骨和足的跗骨。

（三）扁骨：多呈宽扁板状，主要构成颅腔和胸腔的壁，对腔内器官有保护作用，如颅的顶骨、胸部的胸骨等。有的以宽阔的面积供肌肉附着，对肢体运动起重要作用，如骨盆的髋骨等。

（四）不规则骨：形状不规则，主要分布于躯干、颅底和面部，如躯干的椎骨、颅底的颞骨和面部的上颌骨等。有些不规则骨的内部具有含气的空腔，称为含气骨，如上颌骨内的上颌窦。这些骨在发音时起共鸣作用，也能减轻骨的重量。

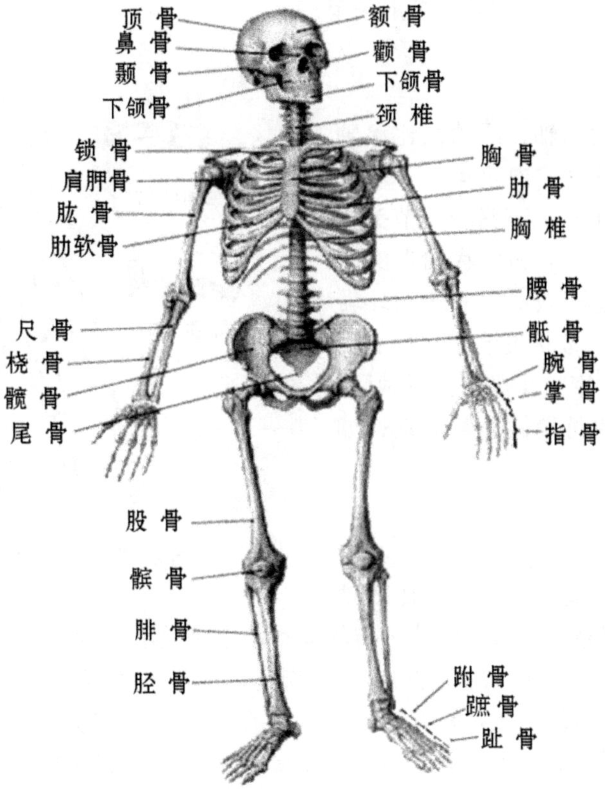

图2－2－1

此外，还有一些呈卵圆形结节状的小骨，称为籽骨。这些骨主要分布于手和足的肌腱内，在运动中减少摩擦和改变骨骼肌牵引方向，如髌骨。

三、关　节

在人体中骨与骨相连接能活动的部位叫关节。关节的运动形式可分为 6 种，即：屈、伸、外展、内收、旋转和环转。一般关节都由两块骨构成，称单轴关节，如肩关节。由两块以上的骨所构成的关节，称双轴关节，如肘关节。此外，还有一些关节在结构上完全是独立的，但在活动时必须同时进行，这种关节称多轴关节，如两侧的下颌关节。

（一）关节的分类（图2－2－2）

根据关节运动轴的多少和关节面的形状，关节有以下几种类型。

1. 单轴关节

只有一个运动轴，活动性小，只能做一种运动，可作屈伸或回旋运动。单轴关节分为：（1）车轴关节：关节头呈圆柱形，关节窝凹陷，关节面常位于骨的侧方，骨围绕垂直轴作旋转运动，如桡尺关节和寰枢关节。（2）滑车关节：关节头呈滑车状，关节窝有嵴，限制着关节的侧向运动，这种关节只能围绕冠状轴作屈伸运动，如指间关节。（3）蜗状关节：是滑车关节的变形，关节面侧斜，其运动轴与骨的长轴不成直角，如肘关节。

2. 双轴关节

有两个互相垂直的运动轴，活动性比单轴关节大，可做屈、伸、外展、内收运动，双轴关节分为：（1）椭圆关节：关节窝与关节头相适应，能做冠状轴上的屈、伸和矢状轴上的内收、外展运动，此外，还可做一定程度的环转运动，如桡腕关节。（2）鞍状关节：两骨的关节面均呈马鞍状，并做十字交叉接合，可做屈、伸、内收、外展运动，也可稍做环转运动，如拇指腕掌关节。

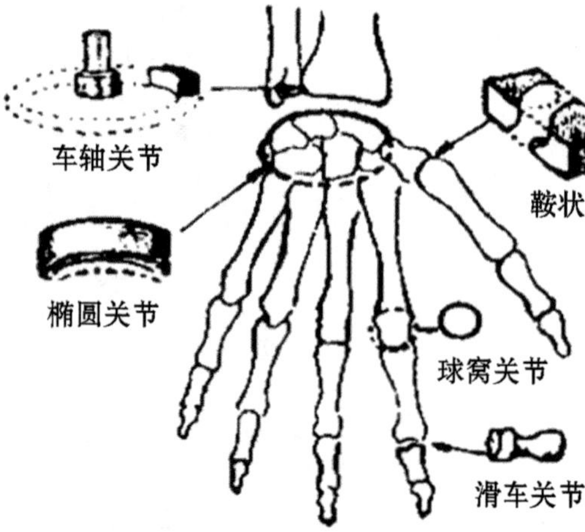

图2-2-2 关节面的各种形态

3. 多轴关节

有3个互相垂直的运动轴，活动性比双轴关节大，可做屈、伸、外展和内收，回旋环转的运动。多轴关节分为：（1）球窝关节：关节头呈球形，较大，关节窝小而浅，不及球面的1/3，关节运动的范围最大，可沿3个互相垂直的运动轴做屈、伸、内收、外展、旋转以及环转等运动，如肩关节。（2）臼关节：与球窝关节相似，但关节窝很深，包绕关节头的1/2以上，运动形式同球窝关节，但运动范围较小，如髋关节。

（二）关节运动的功能和特点

1. 颈椎（图2-2-3）

人的颈椎7块椎骨组成了颈部的关节，颈关节能前屈、后伸和左右旋转。颈椎上接颅骨下连胸椎，是全身联系的枢纽，是人体“最高司令部”。颈椎周围有神经、血管、食道、气管等重要器官。打击或压迫这些器官和组织，会影响机体各系统的生理功能，造成功能障碍。椎动脉在颈部受压后，可以导致脑组织供血不足，引起头晕、头痛、视力下降、恶心、呕吐，严重时还可以引起脑萎缩；颈部脊髓受压，可以造成四肢瘫痪、大小便失禁；颈椎的椎管内有人体的中枢神经通过，当颈椎的任何一个关节受伤或错位时，都将会伤及到神经系统，特别是颈椎的严重错位，会危及到人的生命。

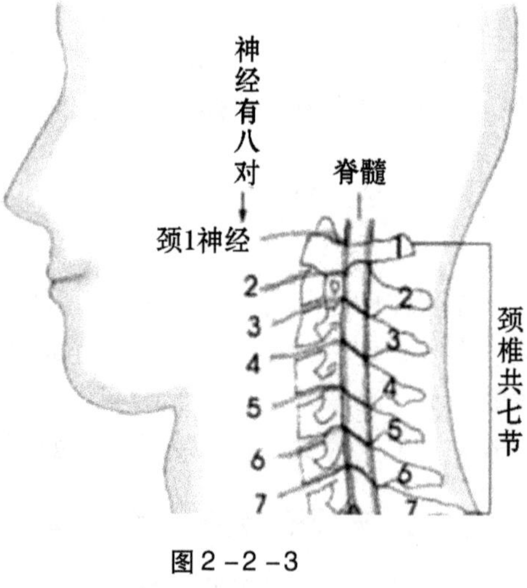

图2-2-3

2. 肩关节（图2-2-4）

肩关节是典型的多轴关节，由于是典型的球窝关节，因而其活动范围较大，可做内收、外展、旋内、旋外以及环转运动。

但是肩关节连结骨的关节面大小相差甚大，而且关节囊松弛，韧带少而弱，所以肩关节是人体中最灵活关节的同时，也是稳固性较差的一个关节，受外力打击时容易造成肩关节脱臼或关节韧带受伤。肩关节脱位占全身关节脱位的40%以上，多见于青壮年，男性多于女性。肩关节脱位可分前脱位和后脱位，前者多见。其关节由肩盂和肱骨头构成，肩盂小而浅，肱骨头呈半球形，其面积为盂的4倍。肩关节囊薄弱松弛，活动范围大，易发生脱位。当跌倒时，掌或肘着地，上肢内旋后伸，由于传导暴力或杠杆外力的作用，随暴力大小可分别造成盂下、喙突下或锁骨下前脱位。

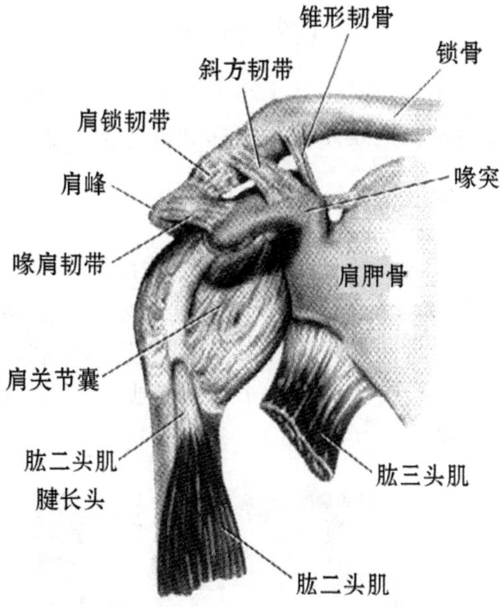

图2-2-4

3. 肘关节（图2-2-5）

肘关节看起来好像是一个关节，实际上是由3个关节共同构成的。这3个关节是肱尺关节、肱挠关节和桡尺近侧关节。3个关节共同包在一个关节囊内，由于3个关节的共同存在，因而使肘关节的活动范围受到较大的影响，活动范围较小，只能做屈、伸和回旋运动，完全伸直时，由后施加压力或击打，会造成脱臼或韧带撕裂。

在全身各关节脱位中，肘关节脱位最为多见，常见于青少年中，因受到间接暴力伤害所致。例如突然跌倒时上肢外展、手掌着地，暴力沿前臂向上传递，肱骨前下端受身体重力作用突破薄弱的关节囊前壁，向前移动，导致肘关节脱位。受伤后患者表现为肘关节肿胀、疼痛、畸形明显，前臂缩短，肘关节周径增粗，肘前方可摸到肱骨远端，肘后可触到尺骨鹰嘴，肘关节弹性固定于半伸位。

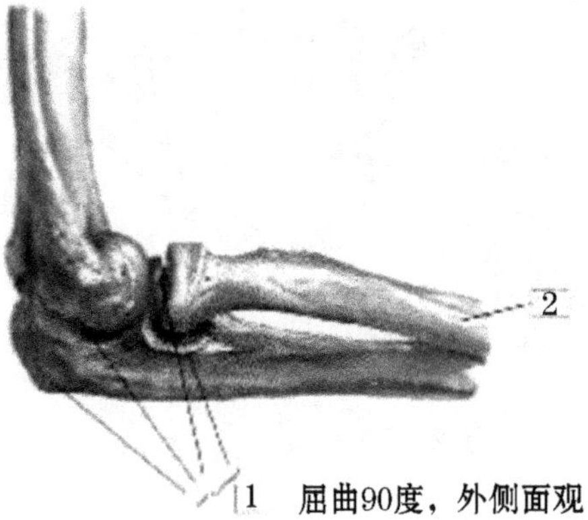

屈曲90度，外侧面观

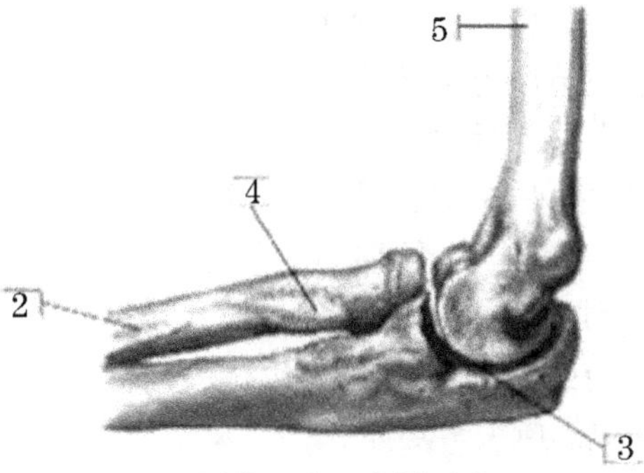

屈曲90度，内侧面观

图2-2-5

4. 腕关节（图2-2-6）

腕关节是由几个小关节联合而成的，活动范围较大，可做屈、伸、外展、内收和环转运动。各骨较小，八块腕骨主要靠韧带连接，如果用力拧折，会造成骨折、脱臼或韧带撕裂。

5. 手关节（图2-2-7）

手是人体中最复杂的关节结构部位。人的每只手共有27块骨头，这些骨头组成了包括挠腕关节在内的21个关节，它们是挠腕关节、腕骨间关节、腕掌关节（5个）、掌指关节（5个）、指关节（9个）。由于手骨的特殊结构和形状，形成的各种关节可以使手进行屈、伸、旋转、内收、外展运动。又由于手关节骨头细少、脆弱，受外力强烈打击时会使手失去正常生理活动，导致韧带拉伤或撕裂、关节脱臼，甚至骨折。

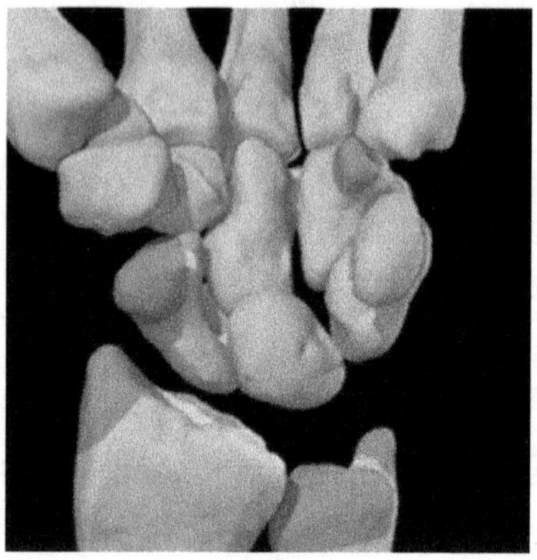

图2-2-6

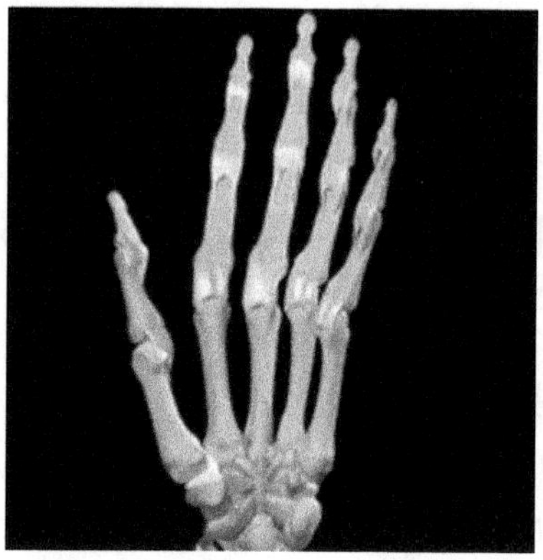

图2-2-7

6. 髋关节（图2-2-8）

髋关节是个典型的球窝关节，可做屈、伸、外展、内收、回旋和环转运动。其结构比较牢固，同时有关节盂缘、韧带、肌腱等的保护，一般不易损伤。髋关节脱位多为直接暴力所致，常见为后脱位，偶有前脱位和中心脱位。后脱位、前脱位也可合并髋臼骨折。不做X线摄片必会漏诊。治疗不当必会引起股骨头缺血性坏死，严重影响关节功能。

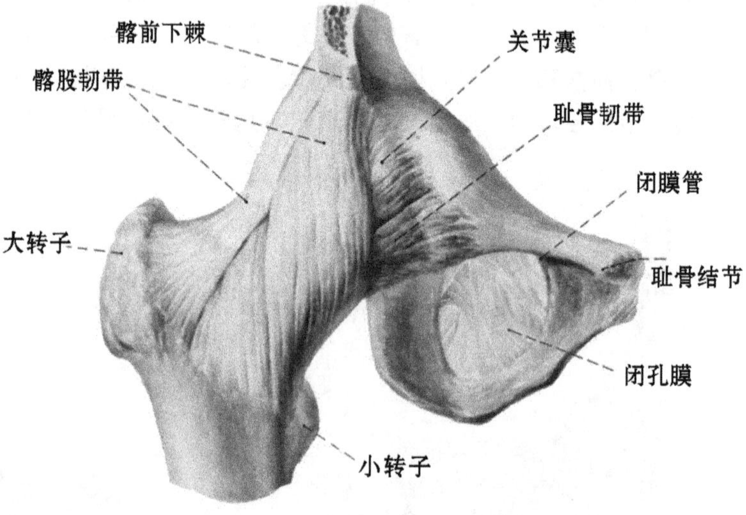

图2-2-8

7. 膝关节（图2-2-9）

膝关节是人体关节中关节面积最大，关节窝最浅，用力杠杆最长，活动负担最重的一个关节。膝关节的主要运动形式是屈伸，正常可屈至30度，伸至180度，不能展收，只能做小幅度的旋。当膝关节处于半屈曲位时，其旋转的幅度最大，也最不稳定。膝关节的稳定是依靠关节韧带来维持的。关节内、外侧韧带保护胫骨、股骨不至于前后错动，防止关节过伸。关节内、外侧副韧带保护关节不至于左、右侧向移动，并防止膝关节过伸及过度回旋。此外，髌韧带和腘韧带还分别在前、后对膝关节起加固作用。当膝关节弯曲时，内、外两侧的副韧带及后面的腘韧带都松弛下来，对关节的加固作用减弱。而且，膝关节旋转的幅度加大，关节的稳定性变得最差。

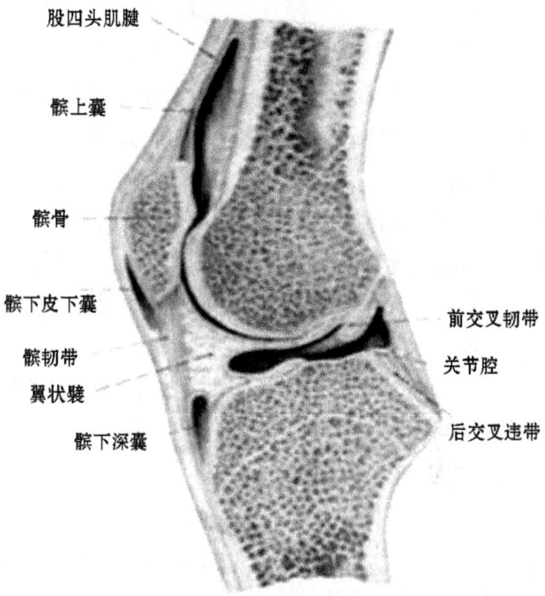

图2-2-9

（1）膝关节正面损伤

当对方膝关节伸直时，以脚底猛踹其膝关节正面，迫使膝关节过伸，可造成膝关节内十字韧带及侧副韧带断裂，使关节剧痛，不能支撑站立。

（2）膝关节侧面损伤

当膝关节屈曲时，暴力作用于膝外侧，膝内、外侧副韧带及腘韧带都处于松弛状态，可造成膝关节严重外翻，使内侧副韧带及内侧半月板撕裂。严重的还会累及关节面，造成胫骨软骨平台塌陷骨折，关节疼痛更为剧烈。

8. 足关节（图2-2-10）

足关节是由几个小关节复合而成。活动范围较小，可做屈、伸、外展（外翻）、内收（内翻）和环转运动。用力打击或拧折，会造成脱臼、韧带撕裂或足弓断裂。

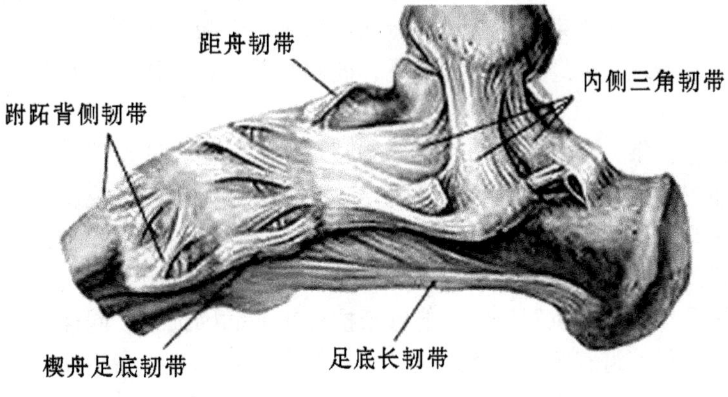

图2-2-10

9. 躯干（图2-2-11）

整个躯干是由一条脊柱作为中轴和支柱。脊柱是由26块骨连接而成，相邻两块椎骨间活动范围较小，但是，这些微小的活动合起来，便使脊柱具有很大的活动范围。整个脊柱可作屈、伸、侧屈、回旋和环转运动。

颈部与腰部都是脊柱的一部分。因此，也可作屈、伸、侧屈、回旋和环转运动。腰部是上体与下体相连接的部位，如由后猛力击、蹬，会造成损伤或失去正常功能。腰椎在人们日常劳动生活中活动度最大，承受来自上肢及躯干的重力，是最容易产生劳损与外伤的部位，腰椎的椎间盘也最易受到损害。一般认为腰椎间盘突出症是在椎间盘退变的基础上发生的，而外伤是发病的重要诱因。

腰椎间盘的生理性退变因素：正常的椎间盘富有弹性和韧性，具有强大的抗压能力。但随着年龄的增长，椎间盘组织易产生退变，这种退变即老化的过程。一般认为人在20岁以后，椎间盘即开始退变，髓核的含水量逐渐减少，椎间盘的弹性和抗负荷能力也随之减退。其中纤维环、软骨终板、髓核均产生病理性退变。

外伤因素：当椎间盘有了生理性退变或纤维环有了裂隙时，外伤是引起纤维环破裂的主要诱因。若腰椎间盘突然受到挤压或扭曲，造成髓核压力增高，可使髓核从纤维环的裂隙突出到椎管内。

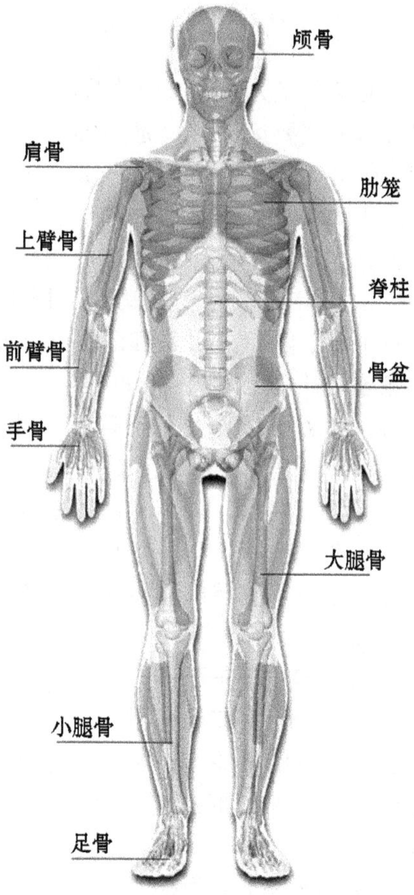

图2-2-11

第三节 人体的薄弱部位

人体是一个完整、复杂而又时刻保持平衡的有机体，构成人体最基本的形态功能单位是细胞，由细胞和细胞间质构成组织。人体有四种基本组织，即上皮组织、结缔组织、肌肉组织和神经组织。几种不同的组织组合成具有一定形态和功能的结构称器官，如心、肝、肺、肾等。若干器官组合起来共同完成某种功能，构成系统。人体有运动、消化、呼吸、泌尿、生殖、内分泌、脉管、感觉器和神经等系统。各系统在神经体液的调节下，彼此联系，相互协调，互相影响，共同构成一个完整的有机体。

人体的每一个部位、每一个器官及至每一个细胞都始终处于自我调节、与损伤因素的抗争过程中。比如我们每天都在受着大量的细菌和病毒的侵袭，但人体有很强的免疫能力，即杀灭细菌及病毒的能力，只要这些能力保持正常，保持平衡，人体就不会发病；否则一旦失衡或减弱就会引起各种病症。如流感来袭，有些人会发病，有些人则不会发病，其原因就是发病人自我调节、抗病能力下降，而不发病者则是自我调节机制正常，能够抵抗外来的病因损害。同样，人体受到外力的打击或压迫下，由各组织、器官组成的人体的系统、各自的生理功能、生命活动，都会出现相应的损伤症状。而且，人体的不同部位、不同组织器官对外来暴力侵害的承受力差异很大。往往同一性质、同样大小的暴力作用在人体的不同部位，会产生出不同的打击效果，打击到人体某些部位，人会出现伤残、昏迷、休克、某些组织和肌体发生功能障碍以及死亡。因此，人们在长期的生活实践中，逐步认识了自身存在的薄弱部位，并将那些与生命活动息息相关，同时又容易遭受打击，打击后容易引起伤害的部位，统称为人体要害或人体的薄弱环节。

一、人体生命系统的重要器官

这些重要器官与人的生命活动息息相关，损伤后可当即致死或迅速致死。局部损伤应成为直接死因，而不是广泛身体创伤致死。如心脏不能实现泵血功能，动脉血压即迅速下降，使全身各器官的供血不足，从而发生功能障碍以至危及生命，当脑内血液循环停止 3 ~ 10 秒，人就丧失意识，血液循环停止 5 ~ 7 分钟，大脑皮层会出现不可逆的损伤；暴力作用于头部造成的原发性脑干损伤，其致残率和死亡率也很高，原发脑干损伤，伤后立即昏迷，昏迷为持续性，时间较长；脑干损伤后意识障碍的恢复比较缓慢，意识障碍恢复后常有智力迟钝和精神失常的症状；脑干损伤在伤后立即出现呼吸规律的变化，即呼吸不规律；脾破出血量大，危险性大，多有休克，面色苍白，四肢发冷；肝脏受肋弓保护，但体积大，组织脆弱，受暴力后易致使肝组织破坏和肝内胆管系统断裂，多造成大出血和肝汁漏出流入腹膜腔，表现为内出血和严重胆汁腹膜炎，死亡率高；肝、脾破裂可以在 1 小时后死亡，呼吸器官损伤或呼吸系统窒息也可以在短时间内死亡。

二、易受打击又易致伤的部位

不太强大的暴力或轻微地暴力打击这些部位，即可轻易造成严重伤害。这些容易遭暴力打击，又易于损伤的部位，是人体各器官系统最薄弱的部位，在解剖结构及生理特征方面有明显的弱点。这些部位在人体上比较暴露，对外界暴力侵害的承受力相对较差，遭暴力打击时，损伤比非要害部位更容易形成，损伤造成的危害也比非要害部位更为严重。如：打击后脑枕部，伤后短时间内表现面色苍白、出汗、血压下降、心动徐缓、呼吸浅慢、肌张力降低、各种生理反射迟钝或消失，容易震荡大脑；打击耳根部，容易损伤脑干；打击下鄂部，容易损伤颅底；打击颈侧部的颈动脉窦，可引起反射性的心跳停止而轻易致死；打击颈后部的颈椎，容易在 5 ~ 6 椎节造成骨折，因压迫脊神经而危及生命；打击上臂的上 1/3 或下 1/3 处，也都容易造成肱骨骨折。

三、外力作用后反应强烈的部位

这些部位包括行走于人体表浅组织中的神经支干、动脉血管及一些重要的经络穴位。打击或掐拿这类部位，可以造成程度不同的局部功能障碍，而且不需要十分强大的暴力即可达到。挫压神经支干，可以造成损伤部位以下支配区麻痹、肢体伤残或昏厥；动脉破裂能很快导致失血性休克危及生命。如点打“少海穴”，因其属手少阴心经，势必导致气不足，影响心脏功能，并会出现心烦、惊悸、多梦，严重时还可出现昏迷、痴呆等精神失常的症状；人体青龙穴的部位比较敏感，轻力击打则有痛入心肺的感觉且痛感持久，久治不愈或大意而不治，过一段时间可出现无端心惊、胸闷、肋骨四周乱窜作痛，动则气喘，面上则可出现青黄之暗色；另外，身体某些特殊部位的神经、血管由于在皮下的位置比较表浅，有时尽管外观看上去损伤轻微，但直接后果往往都比较严重。

身体就像一台复杂而神奇的机器，各个系统日夜不停地工作着，维持着人的生命、感情和思维；身体就像一个大工厂，而器官就像工人，心脏产生动力，大脑下达命令，神经传递信息，他们密切配合，勤劳地工作着。因此，如果身体某个环节出现问题都会牵动整体运行的不畅，丧失身体的运动能力。

第四节 人体易遭受损害的部位

一、头 部

（一）太阳穴（图2-4-1）

1. 太阳穴是颅骨骨板最薄弱的部位，受到打击或挤压，很容易形成骨折，骨折后可直接影响脑的功能。

2. 打击太阳穴容易破坏人的平衡：太阳穴一旦受暴力打击，首先会震动大脑颞叶的位听中枢，使位听中枢受到强烈刺激，造成一时性的平衡感觉丧失，全身肌紧张调节紊乱，同时，也会刺激太阳穴下的神经，使人头晕、目眩、两眼发黑，平衡不能维持。

3. 太阳穴处的颞骨动脉沟和骨管构成了一个明显的薄弱带，打击太阳穴，往往首先容易在这条骨沟上造成骨折，接着又多容易累及骨沟内的脑膜中动脉损伤，引起颅内血肿。

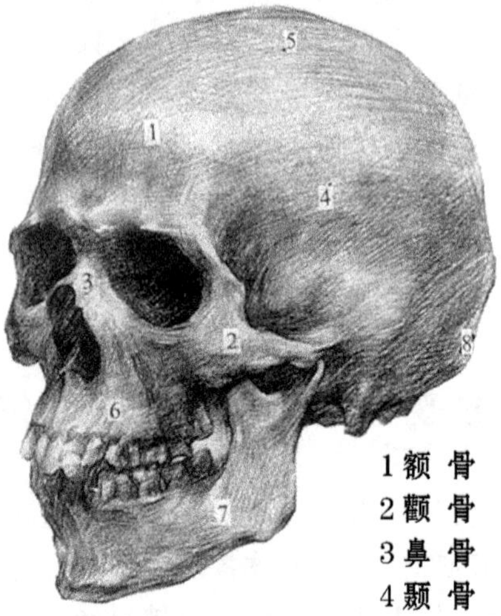

图2-4-1 头骨图

4. 太阳穴深层颅内有众多的出血来源，当太阳穴遭暴力打击，不仅可以因颅骨颞鳞部骨折损伤脑膜中动脉，而且常常可以在颅骨完好的情况下损伤脑膜中动、静脉，在中颅窝基底部形成硬膜外血肿。脑膜中动脉破裂形成血肿，不仅十分迅速，而且后果极为严重。脑膜中动脉破裂，可使人立即陷入昏迷，昏迷后的间歇清醒期极短，多则不足1小时，少则只有10分钟，常常在损伤2小时后完全昏迷。如果伤后6小时仍不能有效止血，即可致命。

（二）眼睛（图2-4-2）

眼睛是人体最脆弱的器官，眼球受到钝力打击或钝器从眼球表面划擦而过，可致使眼球外层的角膜破裂或脱落，角膜损伤后，会使人眼部剧痛、怕光、眼睑无法睁开，视功能严重障碍。除剧痛外，还可以因眼球受到外力压迫或肿胀压迫，反射性的引起心跳减慢，进而导致四肢无力，反应能力和应变能力下降。用拳击打眼部或用指端及其他锐器指戳眼窝，可致使眼球球体破裂，眼内大量出血，眼内容物突出，视力完全丧失。

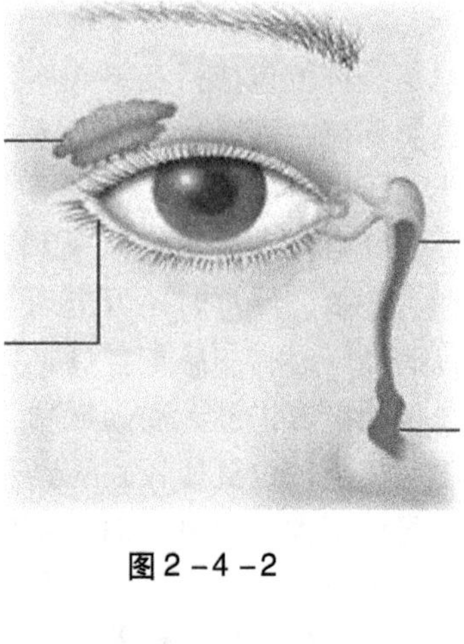

图2-4-2

（三）鼻、面三角区

1. 鼻损伤的后果（图2－4－3）

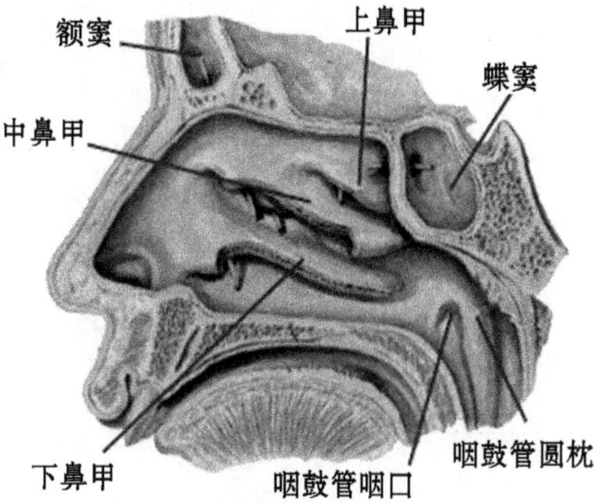

图2－4－3

鼻部遭钝性暴力击打，如拳击或钝器击打鼻梁，可将鼻骨击碎，还可累及下眼眶骨折，鼻损伤发生时，疼痛十分剧烈，此外，压迫泪骨，可致使鼻翼酸疼，泪流不止，造成暂时视力障碍。

（1）鼻损伤引发的危险

鼻骨损伤常常累及鼻窦（包括上颌窦、筛窦、额窦和蝶窦），鼻窦损伤一般比鼻骨损伤更为严重。鼻窦损伤常常形成颅底骨折，使脑脊液从鼻腔外漏，上颌窦顶壁的裂伤，可造成眼球内陷，出现复视，筛窦损伤，可因视神经受到压迫而造成视力障碍，甚至失明。

脑脊液外漏的真正危机在于逆行性颅内感染，导致脑膜发炎，鼻窦裂伤使颅底骨与鼻腔相连通，外界细菌随时可逆行侵入大脑，稍有不慎，就可能造成生命危险。

（2）鼻腔出血引发的危险

鼻腔出血的潜在危机并不在于失血本身，其真正的危险在于鼻内出血，流经咽喉，引起误吸。

2. 面三角区破损引发的危险（图2－4－4）

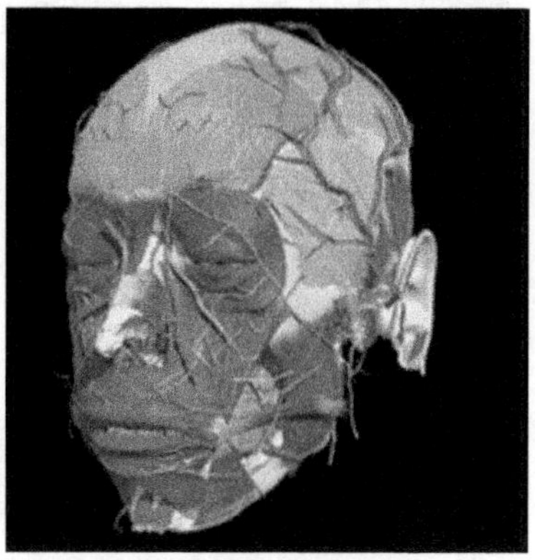
图2－4－4

在面三角区内，神经、血管分布极为丰富，尤以静脉血管的分布较多。面部静脉结构特殊，都没有静脉瓣，因此容易造成血液逆行。而面部静脉血液的回流，多要经过面深静脉及眼内静脉进入颅内海绵窦。因而，面三角区破损，外界细菌极易通过面部静脉，向整个头、面部扩散，并沿面部静脉上行侵入颅内，引起颅内感染，诱发脑膜发炎，导致生命危险。

（四）耳门（图2－4－5）

耳分为内耳、中耳和外耳。外耳包括耳廓、外耳道、鼓膜3个部分。声波传入耳道，首先要经过耳膜。中耳位于内、外耳之间，起着传导声波的作用。内耳由骨迷路和膜迷路构成，分为感受听觉的部分和感受空间体位变化的部分。

1. 用掌根击打耳门，可以因外力震荡和气浪的冲击造成中耳鼓膜破裂，引起耳内出血、疼痛、耳鸣和听力丧失，有时还会伴有头晕、恶心、休克等症状。

2. 打击严重时，空气在狭小的耳道中形成强大的压力，可以造成内耳迷路震荡，致使内耳迷路出血，出现晕眩、恶心或短暂的昏迷，并使前庭器官的平衡机能遭到破坏，出现感觉偏差、站立不稳、无法掌握平衡。内耳迷路震荡所造成的昏迷，不同于脑震荡，不仅意识容易恢复，而且前庭器官的机能也容易得到代偿。因此，内耳迷路震荡后的昏迷只是暂时性的。

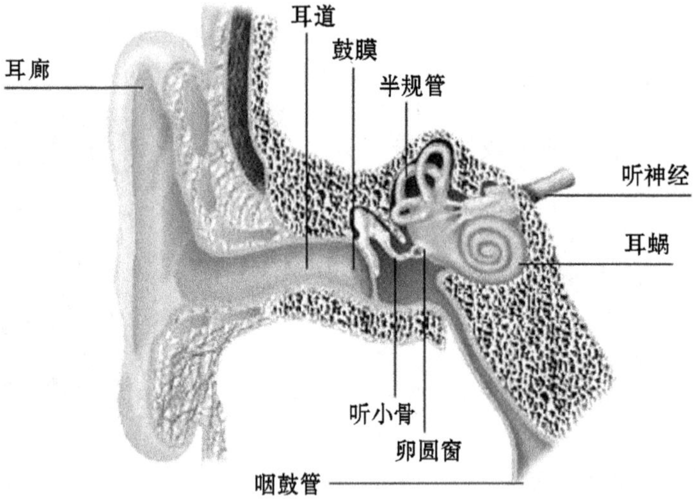

图2-4-5

（五）耳根部（图2-4-6）

耳根部即耳垂后根部，在耳垂后、下颌角以上、颞骨乳突以下的凹陷处。耳根部皮下缺少皮下组织，肌肉、皮肤极薄。耳根是从头侧面的部位上接近颅底和延髓。打击耳根部，很容易使颅底受到震荡，颅底震荡必然会波及延髓，使脑干受到震荡、牵拉或发生侧向位移，引起心跳突然减弱、减慢，血压下降，呼吸短促、困难，造成生命垂危，甚至可以出现严重的昏迷或心跳，呼吸骤停，使人立即毙命。严重的颅底震荡有时还会造成颅底骨折，颅底骨折一般都出现昏迷并有脑脊液自耳道漏出。

耳根是一个极为敏感的部位，掐拿耳根会产生剧烈疼痛，用力掐拿可使人晕厥。

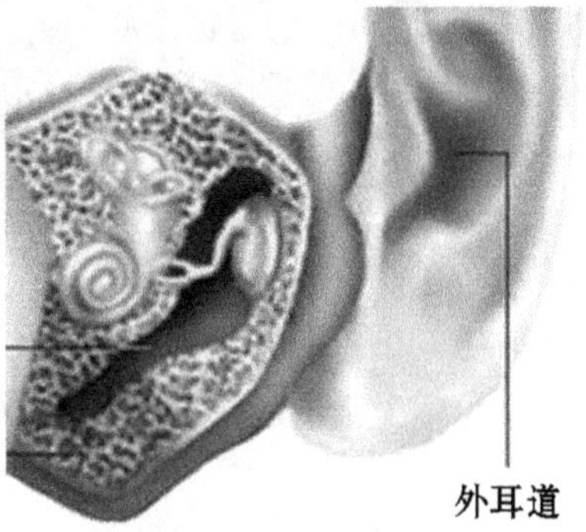

图2-4-6

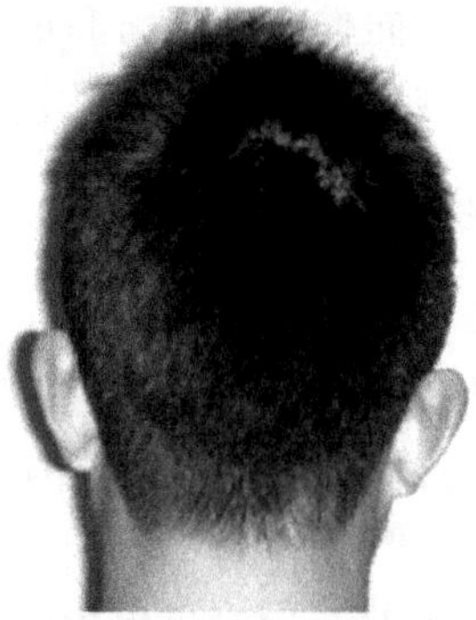

图2-4-7

（六）脑枕部（图2-4-7）

脑枕部是指后脑枕骨粗隆上下这一部位。脑枕部与后颅窝相对应，向下与颈部没有明显的界限。外力打击脑枕部，常常造成致命的后果。很早以前，脑后正中的枕骨穴就已被民间列为“致命穴”。

1. 脑枕部是对外力冲击承受力最差的一个部位，脑枕部遭打击极易形成脑震荡。

2. 脑枕部历来被视为人体的要害，打击脑枕部易引起颅内损伤。

（七）颏部（图 2-4-8）

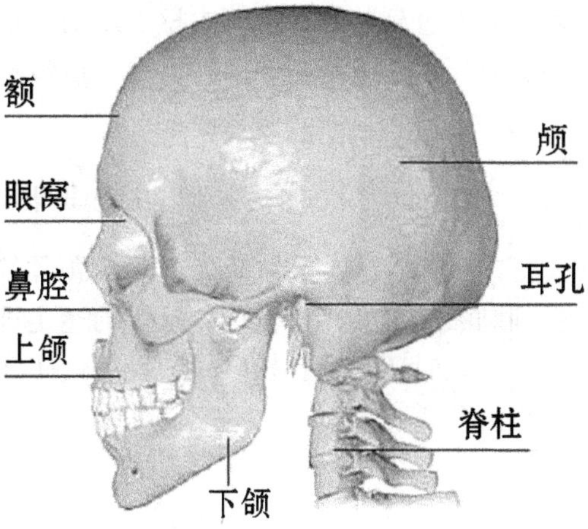

图 2-4-8

颏部又称为颌下三角区，又称颌下角。颏部是下颌底部的下颌骨下缘与下颌支前缘及上部颈根之间围成的一个三角区。颏部向下与颈部相连，向上通过下颌头与颅腔底部相连。下颌两侧的下颌头与颅底部的颞骨下颌窝共同组成下颌关节。由于下颌关节的存在使得颌下角与颅腔底部在骨结构上形成了紧密的联系。

在颌下三角区正中，有一个重要的经络穴位，即任脉的廉泉穴。自古民间就将其视为要害穴位，有“击打廉泉穴，气绝一命休”的描绘。由于打击廉泉穴常常因为头部的摆动和震荡使人跌倒，因此民间又有人将它俗称为“跌倒穴”。

1. 打击颌下角可直接形成颅底部损伤。

2. 打击颌下角，引起颅底骨折，往往发生没有直接损伤的口、鼻出血，并有脑脊液耳漏或脑脊液鼻漏；严重的颅底骨折常常合并较为严重的脑挫伤，因此会出现头晕、头痛、恶心、呕吐和不同程度的昏迷。

二、颈　部

（一）颈后枕下三角区（图 2-4-9）

颈后枕下三角区是指颈后发际以上、枕骨粗隆以下，颅、颈交界的部位。在这一部位上，头、颈之间形成了一个明显的斜坡，深层为颅底的枕骨斜坡。枕骨斜坡上的肌肉在皮下围成了一个三角，因此，这一部位被称为枕下三角区。经络之上的“风府穴”、“天柱穴”和“藏血穴”都在这一区域内。这些穴位早在古代就被民间视为要害穴位。

1. 打击颈后枕下三角区容易引起颈椎损伤，造成颈椎骨折、脱位，压迫脊髓神经，引起四肢麻痹、高位截瘫。

2. 颈后砍切伤可造成难以抑制的大出血。

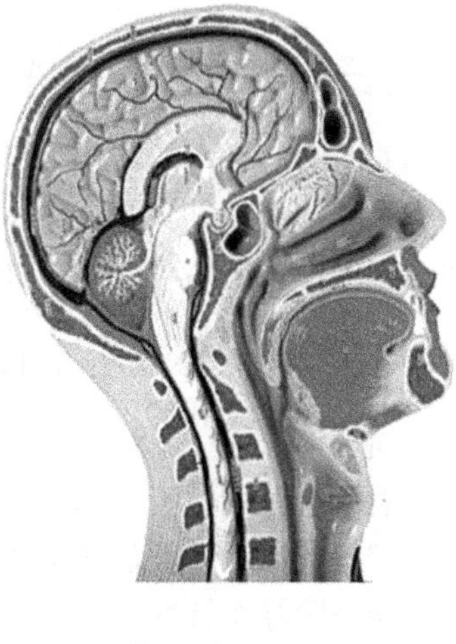

图 2-4-9

（二）颈侧颈动脉三角（图 2-4-10）

颈动脉三角位于胸锁乳突肌前线的颈内侧三角中。颈动脉陷于颈动脉三角处，接近皮下，颈总动脉在此分支为颈内动脉和颈外动脉。因此，在颈侧的颈动脉三角处，能用手触摸到颈动脉的搏动。

1. 颈侧有一个压力感受器——颈动脉窦

当颈动脉三角遭直接打击或压迫时颈动脉窦所承受的压力要远远超过循环血压。这种强大的压力刺激会通过延髓的心血管中枢，反射性地引起心脏功能抑制或心脏功能衰竭，使心率骤减、心力衰弱、血压迅速下降，并因脑供血、供氧不足而很快导致昏厥或死亡。如果同时压迫两侧的颈动脉窦，几秒钟内可以使人昏迷。

2. 迷走神经对心跳、呼吸的双重抑制作用

打击或压迫颈动脉三角，会刺激颈部的迷走神经，对心跳和呼吸产生双重的抑制作用。迷走神经受到刺激后，会将兴奋传入延髓的迷走神经中枢，反射性地引起心跳减慢、心力减弱，血压大幅度下降，同时还会引起长时间的反射性闭气，使呼吸突然中止，甚至引起心力衰竭和呼吸骤停而导致死亡。

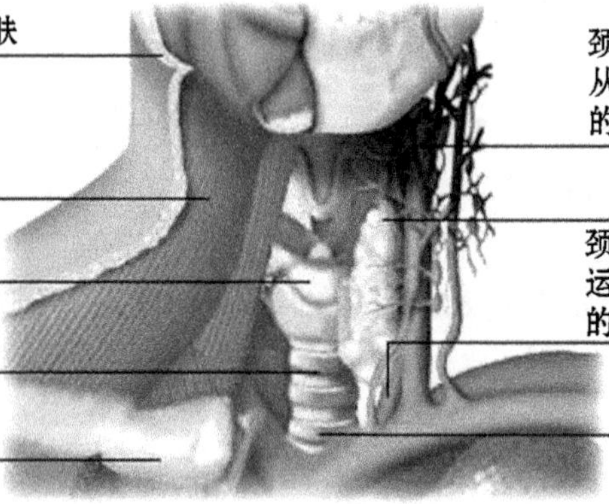

图2－4－10

（三）喉结（图2－4－11）

人的喉结是由11块软骨作支架组成的，其中最主要、最大的一块叫甲状软骨。青春期，男性两侧甲状软骨板的前角上端增大，并向前突出形成成人喉结。

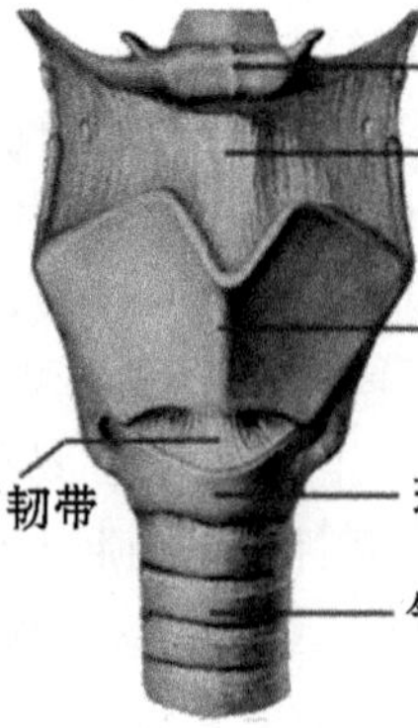

图2－4－11

1. 持续压迫喉结可使呼吸、循环受阻

锁喉、扼喉、勒颈、以掌指持续地压迫喉结一般并不能使人立即致死，多需要经过一段时间，死亡速度比较缓慢。无论是压迫呼吸道使肺通气受阻，还是压迫动、静脉血管使脑循环血液受阻，都会由于脑血流中二氧化碳浓度不断升高，引起大脑缺氧而导致死亡。

2. 打击喉结可以立即致死

强力打击喉结，会刺激喉上神经和食管迷走神经丛产生强烈兴奋，传入延髓，引起反射性闭

气、突然窒息、心率锐减、血压下降，甚至引起呼吸、心跳骤停而立即导致昏迷或死亡。

（四）咽喉（图2－4－12）

咽喉是吞咽食物、发音的器官，也是人体的重要器官之一，咽喉不仅是人体与外界环境沟通的门户，而且是连接大脑中枢与脏腑肢体的桥梁和纽带，它是人体循环系统、传导系统、经络必经的隘口。头部若因咽喉的阻塞而不能及时得到血液的补养，轻者出现头昏眼花、耳鸣失聪，重者甚至危及生命。其中天突穴位于咽喉部，当前正中线上，两锁骨中间，胸骨上窝中央。用手指持续用力掐拿天突穴，可以使气管、无名静脉、迷走神经和膈神经同时受到压迫，并可因呼吸受阻、静脉回流受阻、脑缺氧和神经反射作用，引起窒息或昏迷。

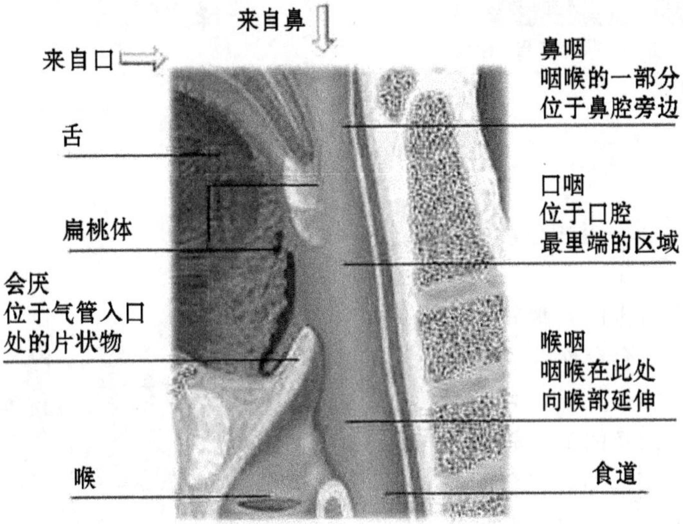

图2－4－12

三、胸　部

（一）胸壁心前区（图2－4－13）

1. 心前区是整个胸壁最薄弱的部分，肋骨前后端固定，活动度很小，缓冲力极差，遭暴力打击，肋骨骨折很容易发生。

2. 暴力打击可以引起心脏震荡。

轻微的心脏震荡只造成一时性的功能障碍，表现为心传导功能紊乱，心率失常，心跳间歇，心悸无力以及心前区绞痛，可使人晕倒或失去抵抗能力；严重的心脏震动可造成心肌挫伤或心壁破裂，心肌挫伤只是心脏表面淤血，严重心律不齐，甚至伴有呼吸停止和心跳停止。

（二）心后区（图2－4－14）

打击两肩胛骨之间的心后区，可强烈刺激胸椎段的交感神经中枢，并通过交感神经的反射作用，影响心传导系统的功能，使心脏的自律性遭到破坏，导致心律不齐、心悸，甚至引起心力衰竭和闭气、窒息。

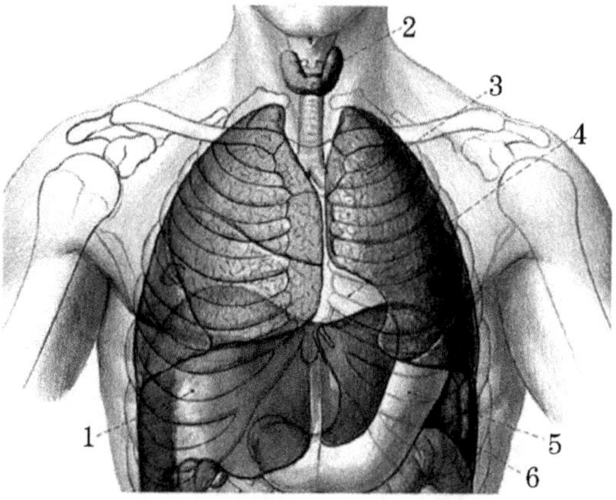

1肝 2甲状腺 3肺 4膈 5胃 6脾

图2-4-13

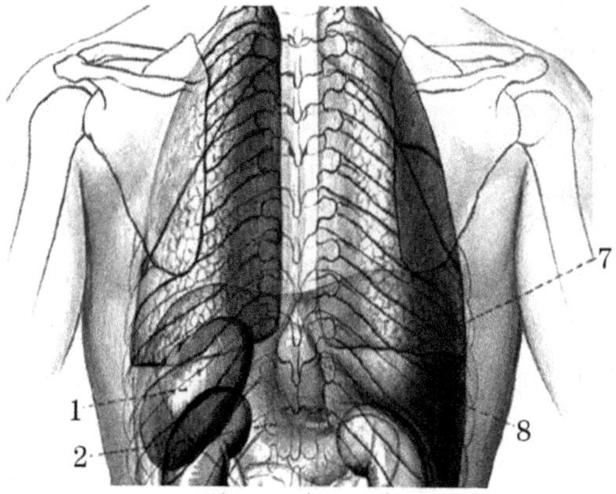

1脾 2胰 7肺 8肝

图2-4-14

四、腹部（图2-4-15）

在腹部要害遭暴力打击的一瞬间，如果腹部肌肉迅速收缩，腹壁就会突然变得坚硬，形成一股强大的抵抗力。如果外界暴力小于腹肌的抵抗力，那就不至于伤及内脏。如果外界暴力大于腹肌的抵抗力，那么外力就会透过胸壁侵及内脏，使内脏发生损伤。如果腹肌在遭外力打击的一瞬间，来不及收缩，依然处于松弛状态，腹壁就无法抵抗外力，在这种情况下，轻微的暴力也可以透过腹壁，传达到腹内脏器，造成内脏损伤。腰腹部要害包括腹前三角区、左软肋、右软肋、腰肾部、腰椎和会阴。

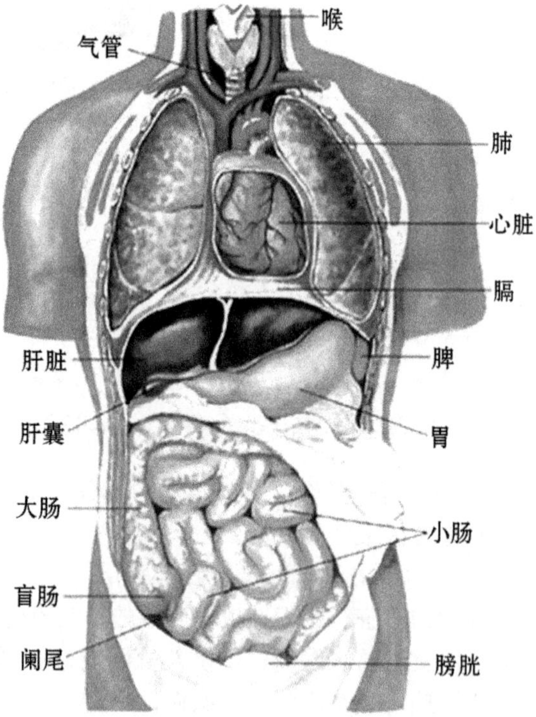

图2-4-15

（一）腹前三角区

在上腹部中区，胸骨剑突以下，形成了一个以两侧肋骨边缘为界，下口开放的三角区。这一三角区被称为胸骨下角或腹上角，通常又被俗称为心窝或心口。

腹部神经极其丰富，支配各脏器的交感神经和副交感神经，彼此交错成神经网络，在腹腔内形成了很多神经丛，其中最主要的神经丛为太阳神经丛，刺激腹腔太阳神经丛，引起强烈的神经反射。因此，以拳、脚打击肚脐以上的上腹部，尤其是打击胸骨剑突下的心窝处，可立即引起剧烈的腹痛，使人不能呼吸、不能直立、腹肌痉挛、瘫倒在地，有力地打击心窝处，可以将胸骨剑突击断，造成大量的腹腔内出血，导致更严重的后果。

（二）左软肋

左侧肋软骨下，是脾脏的所在部位，脾脏质地缺乏弹性，极为脆弱，而且，脾脏表面被膜又非常薄。因此，以拳、脚直接打击左上腹，可以因突然的暴力作用，使脾脏于腹腔内发生大的移位，引起脾破裂，或使脾韧带和脾被膜发生撕裂，也可以因左上腹8～11肋发生骨折，骨折断端刺伤脾被膜和脾实质，造成脾破裂。脾脏既是人体重要的造血器官，又是人体重要的储血器官，同时兼有防御和免疫的功能。

（三）右软肋

右软肋是指上腹部肝区。肝脏是人体最大的实质性脏器，体积较大，然而固定较差，而且肝脏本身质地脆弱，缺少弹性，以拳、脚等暴力打击右上腹，可以使肝脏移位，因肝脏发生扭转而破裂，也可以使右侧肋骨骨折。此外，强烈的震荡和牵拉作用，也能造成肝破裂。肝脏首先是人体中最大的腺体，不仅直接参与物质代谢，而且是机体主要的产热器官，并有解毒的功能。肝脏又是人体最大的造血和储血器官。

五、会阴又称为裆部。

广义的会阴系指盆腔底部。盆腔底部是由皮肤、筋膜和肌肉等软组织构成，前方以耻骨联合为界，后方以尾骨尖为界，两侧以坐骨结节为界，外观为一个菱形。两侧坐骨结节的连线将会阴分为前、后两个三角。前方的三角为生殖三角，后方的三角称肛门三角。狭义的会阴是指肛门与外生殖器之间的部位。会阴是一个特殊部位不仅有人的生殖器官，而且又是神经、血管分布最为密集的地方。会阴的主要神经血管为阴部神经和阴部内动脉。阴部内动脉和阴部神经在会阴深部相互伴行，并于此向表皮发出许多细小的动脉分支神经末梢。

（一）男性外生殖器（图2－4－16）

男性生殖器官在会阴生殖三角暴露于腹腔外。外生殖器包括阴茎和阴囊。阴囊是腹壁的膨出部分，容纳着一对睾丸和附睾。睾丸表面有一层韧性很强的蓝白色被膜，叫做睾丸白膜。白膜对睾丸起着重要的保护作用，使睾丸不致轻易变形。睾丸神经丰富，对外界的温、压触觉极其敏感。以膝顶、脚踢男子裆部或以手揪、掐阴囊，可造成阴囊挫伤或睾丸破裂，轻则疼痛难忍，重则会发生神经性休克，甚至引起死亡。

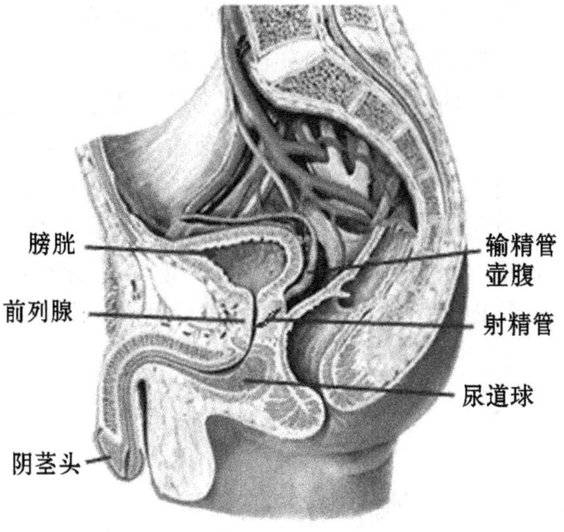

图2－4－16

阴囊受到轻微打击，睾丸便会反射性地向上收缩，以缓冲打击力量。睾丸上缩可以从阴囊内脱离进人腹腔，引起血流中断。长时间的超常温度和缺血，不仅影响精子生成，而且导致睾丸组织坏死。睾丸受打击后上缩，会使人疼痛不堪、弯腰倒地，甚至休克。由于阴囊表皮疏松、血管丰富，遭打击后阴囊血肿常常比较严重，而且出血易于扩散，有时出血能蔓延至腹部及整个会阴。

打击力量较重时，睾丸可以在外力作用下，与耻骨和坐骨相碰撞，发生破裂。以五指用力揪、掐阴囊，也可将睾丸挫碎。睾丸损伤后阴囊及会阴部会产生剧烈疼痛，阴囊持续肿大，并出现恶心、呕吐，以及严重休克，甚至可以当即致死。因此，攻击裆部可以轻易使人失去抵抗能力，束手任人摆布，也可轻易致人于死地。

（二）女性会阴（图2－4－17）

女子会阴也是一个十分敏感的部位，攻击裆部易致外阴出血，并产生剧烈疼痛，严重的也会引起休克，但后果一般不如男子严重。

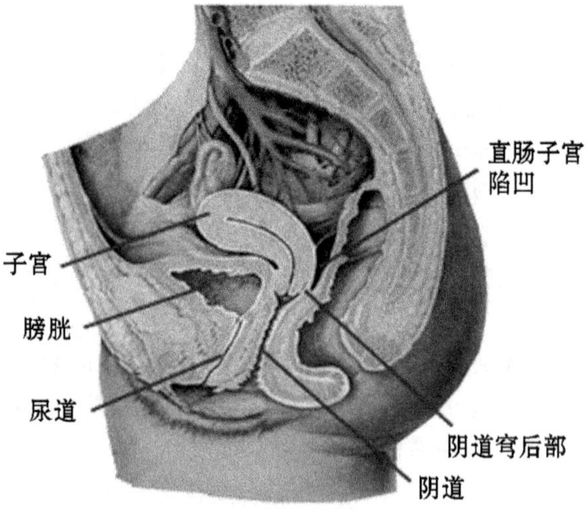

图2－4－17

六、人体的植物性神经

植物性神经一般指分布于内脏、血管和腺体的运动神经。植物性神经根据机能和部位分为交感神经和副交感神经两部分。

（一）主要的交感神经丛有：颈内外动脉丛（分布于颈动脉、汗腺、唾液腺、瞳孔扩大肌等）、心丛和肺丛（分布于心肺等处）、腹腔神经丛（分布于胃、肠、肝、脾、肾、胰等处）、盆丛（分布于直肠、膀胱和子宫等处）。交感神经的作用是能够使心跳加快、加强，使胃肠的活动减弱，瞳孔扩大。

（二）副交感神经主要分布于泪腺、瞳孔括约肌、睫状肌、心、肺、消化道、肝、脾、肾、胰、膀胱等处。副交感神经中以迷走神经为最大、最长，分布范围最广。副交感神经的作用是使心跳减慢、减弱，使胃肠活动加强，瞳孔缩小。

交感和副交感神经的作用，从表面上看来是互相对立的，实际上是统一的、相互依存的。这两种神经共同活动，在神经中枢的调节下保证人体更准确地适应环境。在格斗中，人的交感神经兴奋，因而心脏的搏动加快，血液循环加快，呼吸运动加强，汗腺分泌增多，骨胳肌内血管扩张，以便进行肌肉活动；同时，副交感神经也参加活动，它抑制某些不必要器官的活动，以保证人体的运动器官等全力以赴投入工作。一旦人体的某个部位受到重击，会使交感和副交感神经产生反应，轻则痛疼，重则引起机能活动性障碍，使人产生暂时性自我保护现象，出现人的肢体或部位运动不便，从而失去战斗力，严重的会出现暂时性休克现象。

七、骨　骼

（一）锁骨（图2－4－18）

锁骨横于颈部和胸部交界处，全长于皮下均可摸到，是重要的骨性标志。锁骨上面光滑，下面粗糙，形似长骨，但无骨髓腔，可区分为一体两端。中间部分是锁骨体，内侧2/3凸向前，外侧1/3凸向后。内侧端粗大，与胸骨柄相关节，称为胸骨端；外侧端扁平，与肩胛骨的肩峰相关节，称肩峰端。锁骨支持肩胛骨，使上肢骨与胸廓保持一定距离，利于上肢的灵活运动。由于位置表浅，锁骨易骨折，并多见于锁骨中、外1/3交界处。

如跌倒时手或肘部着地或肩部着地，锁骨外端易造成骨折；直接外力对其部位中外1/3处进行撞击，易造成粉碎或横行骨折。肩锁关节脱位的损伤机制与分类肩锁关节损伤最常见的外伤机制是患者侧位摔倒时，上臂内收、患肩直接着地引起，约占70%。外力使肩及锁骨向内下方移位，使锁骨的下缘抵于第一肋骨上。第一肋骨形成支点，从而使肩锁韧带及喙锁韧带受到牵拉的力量。此时或可发生锁骨或第一肋骨骨折，或可扭伤肩锁韧带（I型损伤或轻度扭伤），因韧带纤维结构尚完整，关节仍保持稳定。如外力较大或可使肩锁韧带断裂，造成锁骨外端前后方向不稳，或有轻度向上移位（Ⅱ型损伤或中度损伤）。如果暴力更大，则进一步造成三角肌和斜方肌肌纤维自锁骨及肩峰上撕裂以及喙锁韧带断裂（Ⅲ型损伤或重度损伤）。偶尔喙突受喙锁韧带牵拉发生撕脱骨折，而韧带本身仍保持完整。整个上肢及肩胛骨由于失去在锁骨上的韧带悬吊作用而向下坠。Ⅲ型损伤主要发生在20岁左右青年人身上。

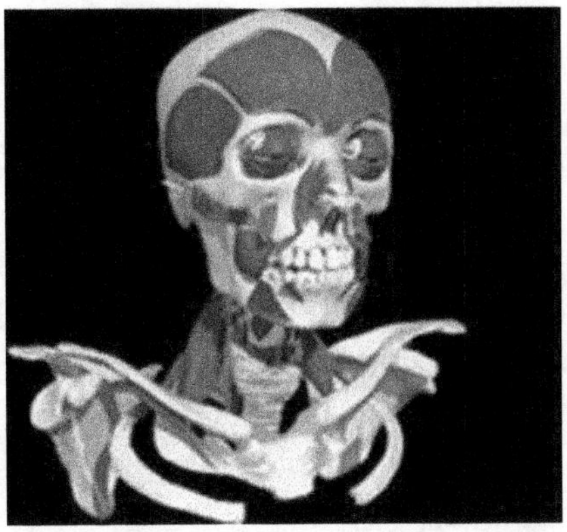

图2-4-18

直接暴力作用于锁骨外端或患者摔倒时肩的后外上方首先着地，肩后方受到一向前内方的外力作用时，肩锁关节处形成一向后的应力，可造成锁骨外端向后方移位的特殊类型肩锁关节损伤。因为锁骨不表现出有向上的移位，甚至在应用X线片检查时也不能显示出锁骨外端的移位，因此易于漏诊。

上肢伸展位摔倒时，通过上臂、肱骨头到肩峰传导的间接外力，也可以损伤肩锁关节（约占5%）。由于外力使肩胛骨上移，使喙锁间隙变窄，因此不会损伤喙锁韧带。外力足够大时，可以造成肩锁关节的严重损伤，也可造成肩峰骨折或肩关节向上脱位。个别病例有肩锁关节下方脱位者，锁骨外端移位到喙突以下。

（二）胸骨（图2-4-19）

为细长的扁骨，上宽下窄，位于胸前壁正中，从上至下，分为胸骨柄、胸骨体和剑突3部分。胸骨柄的上缘中部有颈静脉切迹，两侧有锁切迹，连接锁骨。胸骨柄与胸骨体相接处形成微向前凸的角叫胸骨角。胸骨体两侧缘有与第1~7肋软骨相连接的肋切迹。剑突在胸骨的最下末端游离。

由暴力冲撞或钝器碰击胸骨，轻者可造成胸壁软组织损伤，重者可出现胸骨骨折，多伴有胸膜腔内器官或血管损伤，导致气胸、血胸。开放性损伤造成的开放性伤口直通胸腔，脏器损伤（心、肺、大支气管等），可出现开放性气胸和（或）血胸，影响呼吸和循环功能。打击胸骨剑突可立即引起剧烈疼痛，使人不能呼吸和直立、腹肌痉挛、昏迷，重则可死亡。

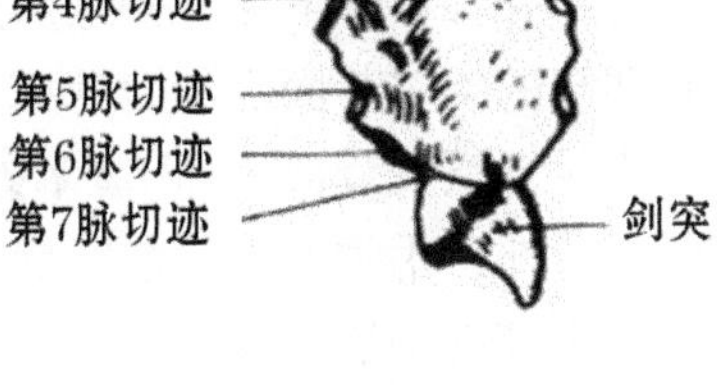

图2-4-19

（三）肱骨（图2－4－20）

位于臂部，是典型的长骨，可分为一体二端。上端有半球形的肱骨头，与肩胛骨的关节盂相关节。在肱骨头的外侧和前方各有隆起，分别称为大结节和小结节，两者之间的纵沟为结节间沟。下端处稍细，称外科颈，为较易发生骨折的部位。肱骨体中部外侧有一粗糙的隆起，称三角肌粗隆。在肱骨体的后面有自内上斜向外下的浅沟，称桡神经沟，有桡神经通过，故肱骨中部骨折可能伤及此神经。肱骨下端前后扁平，末端有两个关节面，靠内侧的是肱骨滑车，靠外侧的是肱骨小头，滑车后面上方有一鹰嘴窝。下端的内、外侧部各有一突起，分别称为内上髁和外上髁。内上髁的背面有一浅沟，为尺神经沟，有尺神经通过，当内上髁骨折时，容易损伤此神经。

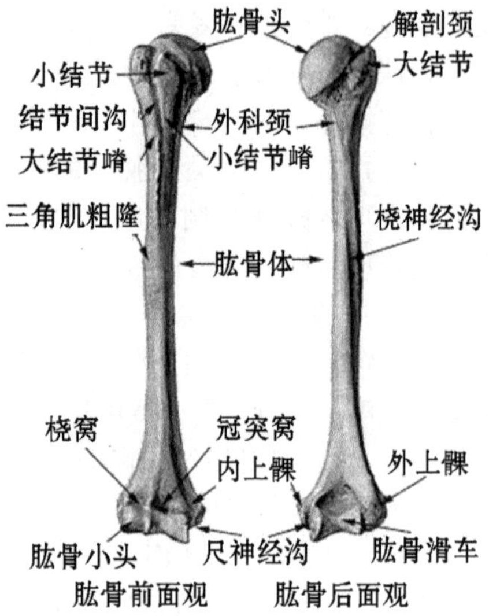

图2－4－20

肱骨骨折常发生于肱骨外科颈、肱骨干、肱骨髁上。多由直接暴力和间接暴力所引起，如重物撞、挤压、打击及扑倒时，手或肘部着地，暴力经前臂或肘部传至各部位。

（四）尺骨与桡骨（图2－4－21）

1. 尺　骨

位于前臂的内侧部，上端粗大，下端细小。上端有两个突起，后上方的较大，称鹰嘴，是肘后部的重要体表标志，前下方的较小，称冠突，两突起间半月形的关节面称滑车切迹，与肱骨滑车相关节。冠突的外侧面有一凹面，称桡切迹，与桡骨相关节。冠突前下方的粗糙突起为尺骨粗隆。尺骨下端稍膨大，称尺骨头，尺骨头的后内侧有一个向下的突起称茎突。尺骨从鹰嘴到茎突在前臂背面的皮下可以摸到。

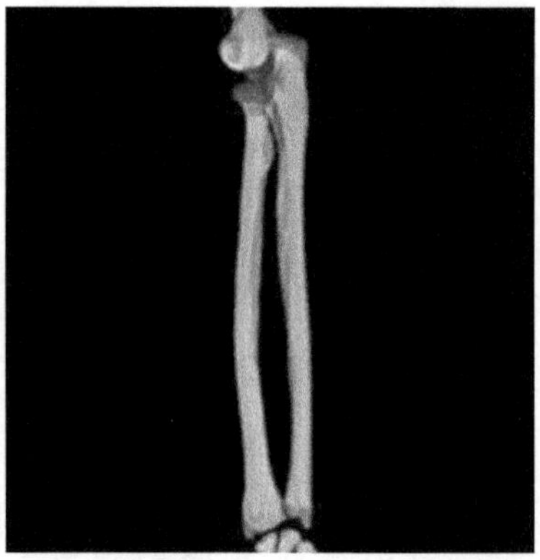
图2－4－21

2. 桡　骨

位于前臂的外侧，上端细小，下端粗大。上端有圆盘状的桡骨头，其上面有关节凹与肱骨小头相关节。头的周围有环状关节面与尺骨的桡切迹相关节。头下方为缩细的桡骨颈，颈下方的前内侧有桡骨粗隆。桡骨下端外侧缘形成茎突，内侧有凹形关节面称尺切迹，与尺骨头相关节。下端的下面有凹陷的腕关节面，与腕骨相关节。

桡骨下端关节面2～3厘米处是松质骨与密质骨交界处，即解剖薄弱处，易骨折。当跌倒时，腕关节背伸，手掌着地，前臂旋前，即可发生桡骨下端伸直型骨折。当抓握对方手腕极度扭转前臂，也很容易将桡、尺骨折断。

（五）足骨（图2－4－22）

足骨包括跗骨、跖骨和趾骨三部分。

1. 跗　骨

跗骨位于足的后半部，全部为短骨，共7块，分别为跟骨、距骨、足舟骨、骰骨和3块楔骨。其中跟骨和距骨最大。

(1) 跟　骨

最大，位于足的后下部，在距骨的下方。跟骨的后端突出部分，称为跟结节。跟结节的后部与跟腱相连，下部支撑地面。

(2) 距　骨

位于跟骨上方，小腿骨的下方。距骨上面有滑车形关节面，称为距骨滑车，其特征为前宽后窄。距骨滑车两侧都有关节面，分别与小腿骨的内、外踝关节面相接。距骨的前面和下面的关节面，分别与足舟骨和跟骨相连。

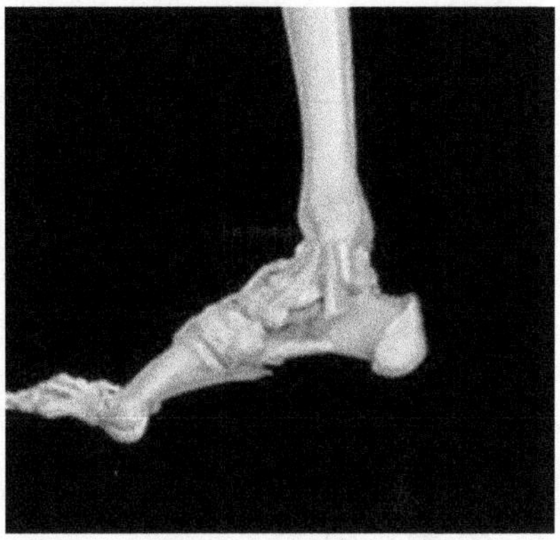

图2－4－22

2. 跖　骨

跖骨共5块，全是小型长骨。跖骨相当于手的掌骨，但比掌骨粗大，尤其是第一跖骨特别粗。

3. 趾　骨

趾骨共14块，与手的指骨相似，但较指骨短小，拇趾骨特别粗壮。

若足部被强力内翻或外翻，也可引起踝内、外侧韧带被牵伸而扭伤，甚或部分撕裂，可使距骨发生骨折或脱位。若距骨颈骨折后，距骨体因循环障碍，可发生缺血性坏死。

第五节　人体的要害穴位

一、中医学的基本知识

中医学认为人体是一个以脏腑经络为核心的有机整体，各脏腑组织之间是互相联系、互相影响、互相促进的，人体与自然界是密切相关的、对立统一的整体。人体的各个部分是有机联系的，这种联系是以五脏为中心，通过经络的沟通和联系，将人体各脏腑、孔窍以及皮毛、筋肉、骨骼等组织紧密地联结成一个统一的整体。中医的五脏是指心、肺、肝、脾、肾，六腑是指胃、胆、小肠、大肠、膀胱、三焦。五脏主要是贮藏精气，六腑主要是消化食物，吸取其精华，排除其糟粕。

(一) 脏与腑的联系

1. 心合小肠，主血脉，开窍于舌。舌质的变化可以反映出心的生理及病理变化。如果心火过盛，可移热于小肠，出现小便短赤、灼痛、尿血等症状。反之，小肠有热，也可引起心火亢盛，出现心中烦热、面红、口舌生疮等症状。

2. 肺合大肠，主气，开窍于鼻。肺与大肠构成表里关系，大肠的传导有赖于肺气的速降，肺气速降则大便传导如常，粪便排出通畅，若大肠积滞不通，反过来也影响肺气的速降。

3. 肝合胆，主筋，开窍于目。肝胆互为表里，肝的疏泄功能正常，才能保证胆汁的贮存和排泄功能正常，胆汗排泄通畅，肝才能发挥其疏泄之性，肝胆发病时互相影响，所以在治疗时肝胆同治。

4. 脾合胃，主肌肉、四肢，开窍于口。脾与胃都是消化食物的主要脏腑，二者经脉互相联系，构成表里关系。胃主受纳，脾主运化，共同完成消化吸收和运输营养物质的任务；胃主降，水谷得以下行，便于消化，脾主升，水谷精微才能输布到全身。

5. 肾合膀胱，主骨，开窍于耳。膀胱的主要功能是贮尿和排尿，膀胱的排尿功能和肾气盛衰有密切关系。肾气充足，尿液可以及时分泌于膀胱并排出体外，若肾气虚而不能固镊，就会出现小便频繁，遗尿或失禁，肾虚气化不及，则出现尿闭或小便不畅。肾左右各一，与膀胱构成表里。

6. 三焦不是一个独立的器官，而是指人体部位的划分，即横膈以上为上焦，包括心、肺；横膈以下到脐为中焦，包括脾与胃；脐以下为下焦，包括肝、肾、大小肠、膀胱等。三焦的生理功能主要是人体的气化作用与水谷的运行通路。这些生理功能，实际上是肺脏宣发卫气，散布津液，脾胃运化，肾与膀胱调节水液和排泄尿液等几个脏腑生理功能的综合，而不是指单一脏腑的功能。

（二）经络与穴位的概念

1. 经 络

是经脉和络脉的统称，是运行气血的通路，内属于脏腑，外络于肢节，沟通内外，贯通上下，将人体各部的组织器官联系成为一个有机的整体。经脉犹如直行的径路，是经络系统的主干。络则有网络的含义，是经脉的细小分支。经络，行气血，通阴阳，沟通表里内外，经络周布全身，具有运行气血、濡养身体、抵抗外邪、保护身体的作用，用于保持人体机能活动的协调和平衡。这种平衡一旦遭到破坏，比如气血稍有不顺，气血封闭不动时，就会导致身体的损害。

2. 穴 位

为针灸学名词，是人体“经络”与外界相通的“门户”，是气血输出、输入的通道，是体表与脏腑相连通的部位，具有接受刺激反应比较强烈的特定部位，也称腧穴。腧与“输”通，有转输的含义，“穴”即孔隙的意思，因此，腧穴又称为孔穴、穴位、穴道、骨孔和砭灸处等。人体的腧穴很多，大体上可分为经穴、奇穴和阿是穴三类。

中医学认为，气血在体内是按照一定的路线循环运行的，并遍布五脏六腑各个地方。这个路线正经十二脉（肺经、大肠经、胃经、脾经、心经、小肠经、膀胱经、肾经、心包经、三焦经、胆经、肝经），再加上“督脉”和“任脉”，就是平常所说的“十四经”。那么，分布于十二经脉和督、任二脉的循行路线上的穴位称为十四经穴，简称经穴。十二正经的走向为：（1）手三阴经从胸沿臂内侧走向手；（2）手三阳经从手沿臂外侧走向头；（3）足三阴经从足沿腿内侧走向腹；（4）足三阳经从腹沿腿外侧走向足。十二经络中的气血运行，首先从手太阴经开始，依次传至足厥阴肝经，再传至手太阴肺经，首尾相贯，如环无端。

奇穴是后世发现的，具有固定穴名、固定部位、特殊功能，但没有分布在十四循行通路上，或尚未被划归十四经内的穴位称为奇穴，又称为外穴或经外奇穴。阿是穴是过去在查病切诊过程中当触压到患者病灶最痛的地方时，患者发出“啊”的呼叫声，此处便是需要治疗的穴位，起名称为阿是穴，又称为痛点、痛应穴、天应穴。

（三）武学中的点穴

1. 点穴法

点穴或打穴是根据经络脏腑的生理变化在人体相关穴位上可产生一定反映的原理，运用拳、指、肘、膝等骨梢击打人体某些薄弱部位和敏感部位即主要穴道，致使对手气血阻塞，脏腑与气血对应产生离合，造成气滞血淤，体内阴阳平衡，使其产生麻木、酸软或疼痛难忍，失去抵抗能力，造成人体行为障碍，从而制服对方的一种技击方式和技法。点穴中取的穴位不是取人体上所有的穴位，而主要是取人体上的腧穴，大都在皮肤和肌肉间。例如，刺激手上的“合谷”穴可以影响到头面；刺激小腿的“足三里”穴，可以影响到胃肠；点打“少海穴”，因其属手少阴心经，势必导致气不足，影响心脏功能，并会出现心烦、惊悸、多梦，严重时还可出现昏迷、痴呆等精神失常的症状；足阳明胃经的某个穴位受伤，因气血不畅，胃将失去功能甚至萎缩，最后不能吃喝而死亡。但是点打穴位时应在对手放松、松弛部位的穴位突发进攻，若对手如有防备会肌力收缩肌肉隆起，抗击打力能力增强，致使点打穴位攻击不畅，点打穴位效果不佳。另外，对于人体没有掩盖的外露穴位或身穿春夏装，点打较为便利，对于内藏穴位点打时较难，因此，必要时可利用短棍、小尺子、钥匙等物品点打穴位。值得注意的是武林诸多拳种记载人体有致命穴，实际是过分夸大其功效，并非击打致命，但不可否认，攻击要害穴位对人体必有伤害。

2. 点穴的要求

（1）认　穴

要熟知人体十二正经、任、督脉的起止线路，以及穴位、穴名，归属经线，时间所注此经和不同时间流注穴位的内容。如气血之头在某时应在何穴，在某时经流何穴，始自何时几刻，又终止于何时等。因此，习练者要经常专研点穴之理，依理推之，逐穴求之，才有所得。习练者还须深知气血循行，行之某经是逆行还是顺行，是向上还是向下，是向左还是向右等。

（2）知　行

要熟知人体诸经的气血循行轨道及其变化，气血循行在何时经何经络，注入何穴，顺逆凝滞，缓急多少等，必须辨其明，知其详，方能得心应手，点之即中。如武学曰：“气未到，血已过。”就是说未点在气血头上，任你指头上很有功夫，也难实效。

武林歌诀曰：

点穴之妙在血头　何时点打须追求　何时正头注何处　何时气血经穴流
五枝血头须详辨　丝毫偏误不可有　更考时辰多幻变　悉知五枝血注头
切记交手抢直头　若失良机命要休　劝君切莫忘练气　点穴无气功白丢

（3）练　功

修练内功，调理气血，增强出击的速度，习练攻击技法的硬功，通过指禅功、鹰抓功、插沙功等，增加技法攻击的力度和硬度。

3. 点穴与季节时辰的变化

武林医学认为，自然界的年、季、日、时周期变化，影响着人们的生理、病理相应的周期变化，如人的脉象、春弦、夏洪、秋毛、冬石等。因此，武林点穴就有“四季点穴”之论，有着“春不打肝，打则命归天；夏不打心，击中命归西；秋不打肺，肺伤性命危；冬不打肾，肾伤魂魄飞”的讲究。民间点穴还认为：“按季对时穴受伤，就是神仙亦惊惶；春夏青龙巳时醒，秋冬白虎惊戌时。”因此，点打人体要害穴位，在一天中又分不同的时辰点打才能有效。因为经络气血循行，既有一定路线，又有一定时间规律。每天，人身气血在人体各经络中循行 1 周为 24 小时即 12 个时辰，而且，“周身气血有一头”，一天中的各个时辰，气、血之头注入何经、何穴均有一定规律。因此，在一天中穴位相对地又有“实穴”和“空穴”之分。如辰时气血走胃经，胃经上的穴位如乳中穴、人迎穴等就是打开的，称“实穴”，此时点打乳中穴或人迎穴，便会使对手气血停顿阻滞，不能正常流行，引起全身各部麻木，而其他十一经的穴位则是闭合的，也称“空穴”，若此时点打其他的经穴则效果不如此穴。因此，武学把一天中的某一时辰，气血按时注入的经络穴位，称为“实穴”，而错过了这一时辰，“气未到”或“血已过”，称为“空穴”。那么一天之中，只有当气血注入某一特定穴位时，适时点打该穴位，才能产生打击的奇效。在少林点穴中，足底的涌泉穴属于“死穴”，被视为“气血之所系，百脉之中枢”，按照气血流注的顺序，“每当亥正时分，气血之头注入涌泉穴，亥时末刻气血出宫行入别穴”。只有在一天中的亥时点中涌泉，才会使“穴道封闭，轻则限期取命，重则立刻身亡”。否则，错过了穴位的打击时辰，气血一过，穴位走空，虽说是要害，但击中是“空穴”，因此很难奏效。为此，民间习练点穴，要求在一定时辰里，点打某一气血流行开合的穴位，致使对方气血流行中断，产生知觉失效，没有反击能力，这就是武术点穴中的“按时取穴”的原理。

（1）民间点穴歌

凡人周身之血液，日夜运行不停留；按时点穴重伤损，一时不活命要休；
子时走在心窝穴，丑时需向涌泉求；对口是寅山根卯，辰封天平已封头；
午时却与中脱会，左右命宫分在未；凤尾归申封门酉，戌时下阴亥涌泉。

（2）时　辰

子时：23～凌晨 1 点钟；
丑时：1～3 点钟；
寅时：3～5 点钟；
卯辰：5～7 点钟；
辰时：7～9 点钟；
已时：9～11 点钟；
午时：11～13 点钟；
未时：13～15 点钟；
申时：15～17 点钟；
酉时：17～19 点钟；
戌时：19～21 点钟；
亥时：21～23 点钟。

二、武学中的人体要害穴位

中医的经络学说，是我国历代民间郎中和武术人士在长期的生活实践中，不断摸索、尝试，将经验加以总结、归纳、积累而成的。现在，人们对经络实质问题进行着多方的探讨与实验，证实经络活动与生命活动息息相关。民间的武术艺人更是将经络活动看作生命活动的最基本形式，看作生命的主宰，并认为掐拿、压迫、打击这些“穴位”可以使人的肢体麻痹、周身剧痛、酸麻无力，并造成严重伤害、昏迷或者死亡的，视为生命系统的薄弱环节，也为人体的要害穴位。因此，我国历代民间武学家们，通过中医经络学来专门研究确定人体的要害穴位，以及点打的手段和训练的方法。

民间传说人体要害穴位包括致命穴、致残穴、擒拿穴，还有破气散功穴、终生不育穴、点中不动穴及哑穴、呆穴、晕穴。比如民间的致命穴歌曰：“一击即死穴最凶，前后对心枕骨中；太阳耳根伤即死，膻中乳中数时亡；拳击喉结亦致死，颈侧掌劈亦可亡。”致残穴歌曰：“身若电触是阴穴，心惊胆寒身难近；鬼哭狼嚎痛穴寻，纵是金刚亦求饶；脚背总筋穴一伤，车失轮子马短；膝外一穴绝难挡，一击即损成废人；肩胸一伤手臂垂，任你神力无外使；腿中重击人即晕，筋缩肉痿腿残废。”致晕穴歌曰：“击打眉中及眉心，神智不清即昏倒；喉结受击即晕眩，顶心受击眼发黑；对口一击即扑街，风池穴伤人不醒。”擒拿穴讲“臂中肘脉人皆知，气门一伤无气力”、“太冲穴伤腿难走，血池一损马失蹄”、“下膝眼伤即无力，内关臂中脉门穴”。武学记载，少林武术在其点穴理论中还明确地提出将经络气血分为五枝：上下两枝、左右两枝、正中一枝。其中以正中一枝上的诸穴位最为要害，这“正中一枝”则正是指人的头、颈和躯干部。这种古老的点穴理论，不仅在经络学上，而且在解剖学上也站得住脚。因为人体很多重要的生命器官都分布在头、颈和躯干，这说明他们不仅在对人体要害的认识上，已能跳出狭隘经验的小圈子，而且在技击实践中也已经具体领悟到人体要害与人的重要生命器官有着密切的关系。这在他们的拳谱、歌诀中也有很多生动的记载。如少林拳谱中的“罩门连肝通血池，一拳内流血腔淤”、“二法通天突，锁喉致昏哑”、“十三破期门，肠翻漏粪便”、“章门被击中，十人九人亡”等，都是将人体要害穴位与人体的重要器官相联系。关于时辰打穴、致残穴的效果还需进一步验证。

小　结

本章主要对人体解剖学的基本定位术语、人体的骨骼及关节、人体薄弱部位、人体易遭受损害的部位、人体的要害穴位进行了介绍与讲解。通过本章可使人们清楚地认识到人体的薄弱部位、易受损害部位，为以后学习自卫防身术的技术动作打下坚实的理论基础以及技术运用时的目的性和针对性。在本章中应重点掌握人体薄弱部位、易被损害的部位，而人体的要害穴位在实战中的应用效果如何目前还没有具体科学地研究证实，因此，只作一般常识性的了解和掌握即可。

思考题：

1. 人体的薄弱与要害部位主要指哪几个部位？
2. 在什么身体状态下更容易反击对方薄弱与要害部位？

第三章　站立擒拿格斗

第一节　立战技法

一、立战姿势

（一）立战姿势的“正架”与“反架”

立战姿势一般分为左手在前的“正架”和右手在前的“反架”两种。学生可以根据自己的习惯（力量重的手臂在后）和爱好选择合适的一种防卫姿势作为最初学习自卫防身术的定势（图3－1－1①②）。

图3－1－1①

图3－1－1②

（二）立战姿势的步型

两脚开立与肩同宽，平行上左步，前后脚的距离稍大于肩；前脚掌稍内扣，后脚跟抬起，脚掌撑地；两腿膝关节微屈，身体重心在两腿之间（图3－1－2①②③④）。

（三）立战姿势的躯干手臂

身体侧向前方，含胸收腹；手型要求握拳即四指内屈并拢，大拇指横握于食指和中指的第二指节上；前臂的肘关节夹角在60度～90度之间，拳在视线下方，肘下垂；后臂的拳在颌下，肘贴近胸肋部，头稍下低，收下颌，目平视，与前拳上方在一条水平线上；闭唇（图3－1－3①②③）。

图3-1-2①

图3-1-2②

图3-1-2③

图3-1-2④

图3-1-3①

图3-1-3②

图3-1-3③

二、立战手形

(一) 平 拳

四指并拢卷握，拇指紧扣食指和中指的第二指节，拳心向下（图3-1-4）。

要点：直腕、拳握紧不要中空、拳面要平。

(二) 立 掌

四指并拢伸直，拇指弯曲紧扣于虎口处，伸腕立掌（图3-1-5）。

要点：四指绷直、拇指紧扣于虎口处。

三、立战步法

(一) 进 步

后脚蹬地，前脚先向前进半步，后脚再跟进半步（图3-1-6①②③）。

要点：重心在进步前、后保持在两腿之间，后腿跟进的速度要快，不要拖地或提得过高。

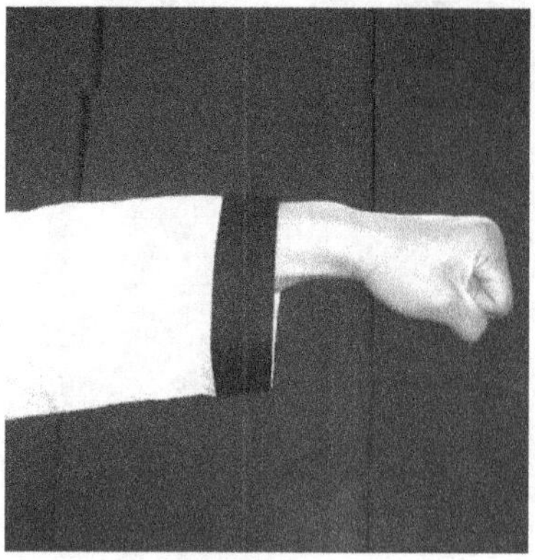

图3－1－4

图3－1－5

图3－1－6①

图3－1－6②

图3－1－6③

（二）退　步

前脚蹬地，后脚先后退半步，前脚再退回半步（图3－1－7①②③）。
要点：前脚退回的速度要快，退步结束要保持防卫姿势。

图3－1－7①

图3－1－7②

图3－1－7③

（三）上 步

后脚向前迈一步，右脚在前，左脚在后，成反架（图 3－1－8①②）。

要点：后腿向前迈时不得摆动幅度过大或摩擦前腿，注意上步过程中重心的转变。

（四）撤 步

前脚向后退一步，右脚在前，左脚在后，成反架（图 3－1－9①②）。

要点：身体与步伐协调，不能脱节，重心转变速度要快。

图 3－1－8①

图 3－1－8②

图 3－1－9①

图 3－1－9②

（五）滑 步

前腿屈膝抬起，同时右脚跟内扣，脚掌向前擦地滑动（图 3－1－10①②③）。

要点：屈膝抬起要与脚掌滑动连接紧凑，保持重心平衡。

图 3－1－10①

图 3－1－10②

图 3－1－10③

（六）垫 步

后脚跟向前脚跟并拢，同时将前腿提起（图 3－1－11①②③）。

要点：后脚跟向前半步即可，不宜过大，向前并拢与提腿不能脱节。

图3-1-11①

图3-1-11②

图3-1-11③

（七）环绕步

右脚蹬地，左脚先向前上步，依次连续环绕滑动（图3-1-12①②③）。

要点：左脚上步时，速度要快，上步后保持立战姿势。

图3-1-12①

图3-1-12②

图3-1-12③

四、立战拳法

（一）冲　拳

1. 左冲拳

由立战姿势开始，右脚蹬地，发力于腰，上体微右转；同时左臂由屈到伸内旋90度，击打目标后，再外旋90度收回原位（图3-1-13①②③）。

2. 右冲拳

由立战姿势开始，右脚蹬地，发力于腰，上体左转；同时右臂由屈到伸内旋90度，击打目标后，再外旋90度收回原位（图3-1-14①②③）。

图3－1－13①

图3－1－13②

图3－1－13③

图3－1－14①

图3－1－14②

图3－1－14③

（二）掼 拳

1. 左掼拳

由立战姿势开始，上体微向左转，左拳向外、向前、向内成平面半圆形横击；同时转腰发力，力达拳面，拳心朝下，臂微屈；击打目标后，左拳收回原位（图3－1－15①②③）。

图3－1－15①

图3－1－15②

图3－1－15③

2. 右摆拳

由立战姿势开始，右拳向外、向前、向内成平面半圆形横击；同时上体左转，腰胯发力，力达拳面；击打目标后，右拳收回原位（图 3－1－16①②③）。

图 3－1－16①

图 3－1－16②

图 3－1－16③

（三）抄　拳

1. 左抄拳

由立战姿势开始，上体微左转，左拳略向下，屈臂由下向上勾击；同时腰向右转，发力于腰；击打目标后，左拳收回原位（图 3－1－17①②③④）。

图 3－1－17①

图 3－1－17②

图 3－1－17③

图 3－1－17④

2. 右抄拳

由立战姿势开始，右拳略向下，屈臂由下向上勾击；同时腰向左转，发力于腰；击打目标后，右拳收回原位（图 3－1－18①②③④）。

图3－1－18①

图3－1－18②

图3－1－18③

图3－1－18④

（四）鞭 拳

以右鞭拳为例，由立战姿势开始，右脚经左脚后插步，身体向右后转180度；同时右臂由屈到伸，向外、向前横向鞭打，发力于腰，力达拳轮，拳眼朝上；击打目标后，右拳收回原位（图3－1－19①②③④）。

图3－1－19①

图3－1－19②

图3－1－19③

图3－1－19④

五、立战掌法

（一）推 掌

1. 左推掌

左臂由屈到伸，拳心朝前，力点掌根（图3－1－20①②③）。
要求：腕翘肩顺，力打一线。

图3－1－20①

图3－1－20②

图3－1－20③

2. 右推掌

右臂由屈到伸，拳心朝前，力点掌根（图3－1－21①②③）。
要求：转腰发力，快打快收。

图3－1－21①

图3－1－21②

图3－1－21③

（二）抡　掌

1. 左抡掌

身体微左转，左臂由外向里横击，力点掌根（图3－1－22①②③）。
要求：转身蓄劲与发力击打先后要协调。

2. 右抡掌

右臂由外向里横击，力点掌根。（图3－1－23①②③）
要求：转身摆臂要协调。

图 3 - 1 - 22①

图 3 - 1 - 22②

图 3 - 1 - 22③

图 3 - 1 - 23①

图 3 - 1 - 23②

图 3 - 1 - 23③

（三）掸　掌

1. 左掸掌

左臂由屈到伸，拳变掌，手背向前，力点掌指（图 3 - 1 - 24①②③）。
要求：左掌发力，掌指抖动，收回变拳。

图 3 - 1 - 24①

图 3 - 1 - 24②

图 3 - 1 - 24③

2. 右掸手

右臂由屈到伸，拳变掌，手背向前，力点掌指（图 3-1-25①②③）。
要求：掌指抖动，快打、快收变拳。

图 3-1-25①

图 3-1-25②

图 3-1-25③

六、立战腿法

（一）蹬 腿

1. 左蹬腿

由立战姿势开始，左腿提膝抬起，勾脚；当膝稍高于髋时，以脚领先向前蹬出，力达脚跟。也可送髋，脚掌下压，力达脚掌（图 3-1-26①②③④）。

图 3-1-26①

图 3-1-26②

图 3-1-26③

图 3-1-26④

2. 右蹬腿

由立战姿开始，身体稍左转，左脚跟稍内扣，身体重心移到左腿；同时右腿屈膝前抬，勾脚，以脚领先向前蹬出，力达脚跟。也可送髋，脚掌下压，力达脚前掌（图3－1－27①②③④）。

图3－1－27①

图3－1－27②

图3－1－27③

图3－1－27④

（二）踹　腿

1. 左踹腿

由立战姿势开始，身体右转，重心移至右腿，左腿屈膝抬起；脚尖勾起，随后由屈到伸向前踹出，同时展髋，力达脚掌，击打目标后，左脚下落成正架（图3－1－28①②③④）。

图3－1－28①

图3－1－28②　图3－1－28③

图3－1－28④

2. 右踹腿

由立战姿势开始，身体左转，左脚跟内扣，重心移至左腿；右腿屈膝抬起，脚尖勾起，随后由屈到伸向前踹出，同时展髋，力达脚掌，击打目标后，右脚下落成正架（图3－1－29①②③④）。

（三）横踢腿

1. 左横踢腿

由立战姿势开始，右腿微屈支撑，上体稍向右侧倾；左腿屈膝向左侧摆起，扣膝绷脚背，随后向前挺膝甩鞭小腿，力达脚背（图 3 - 1 - 30①②③④）。

图 3 - 1 - 29①

图 3 - 1 - 29②

图 3 - 1 - 29③

图 3 - 1 - 29④

图 3 - 1 - 30①

图 3 - 1 - 30②

图 3 - 1 - 30③

图 3 - 1 - 30④

2. 右横踢腿

由立战姿势开始，身体左转 90 度，重心移至左腿；同时右腿以大腿带动小腿屈膝前摆，扣膝绷脚，随后向前挺膝甩鞭小腿，力达脚背（图 3 - 1 - 31①②③④）。

图 3 - 1 - 31①

图 3 - 1 - 31②

图 3 - 1 - 31③

图 3 - 1 - 31④

（四）勾踢腿

由立战姿势开始，左腿脚跟内扣，膝外展，重心移至左腿，身体左转 180 度；同时右大腿带动小腿向前、向左弧线擦地勾踢，力达脚背；击打目标后，右脚收回原位（图 3－1－32①②③）。

图 3－1－32①

图 3－1－32②

图 3－1－32③

（五）踩　腿

由立战姿势开始，重心向前转移，右腿提起由曲向前蹬伸，力点脚跟，高不过膝（图 3－1－33①②③）。

图 3－1－33①

图 3－1－33②

图 3－1－33③

七、立战肘法

（一）砸　肘

1. 左砸肘

从立战姿势开始，身体微右转，同时上体左侧微上提，左肘上抬，拳心向左耳，随后用左肘尖上端向下撞击（图 3－1－34①②③④）。

要点：上提要自然，向下撞击要沉气发力。

图3－1－34①

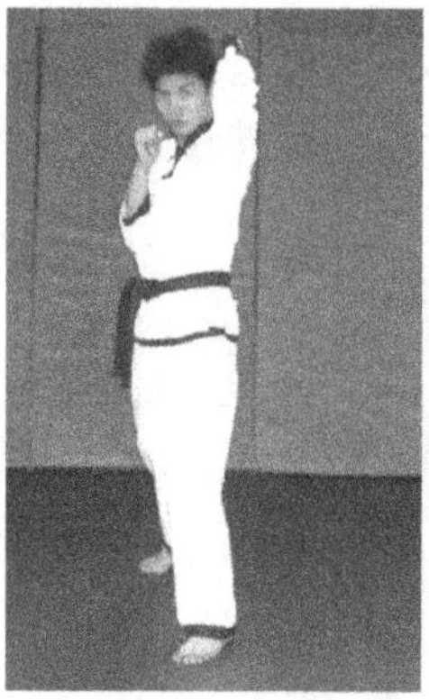

图3－1－34②

图3－1－34③

图3－1－34④

2. 右砸肘

从立战姿势开始，身体左转，同时上体右上仰，右肘上抬，拳心向右耳，随后用右肘尖上端向下撞击（图3－1－35①②③④）。

要点：上提要自然，向下撞击要沉气发力。

图3－1－35①

图3－1－35②

图3－1－35③

图3－1－35④

（二）顶　肘

1. 左顶肘

从立战姿势开始，左臂内旋平屈，身体微右转，左手置于右胸外，然后，肘尖向前撞击，身体顺势微左转，力达肘尖（图3－1－36①②③④）。

要点：转腰、顶肘要一致，发力干脆。

2. 右顶肘

从立战姿势开始，右脚上步，或左脚撤步，右臂内旋平屈，右手置于左胸外，然后，身体右转，右臂发力，肘尖向前撞击（图3－1－37①②③④）。

要点：右脚上步，或左脚撤步与转腰、顶肘要协调，同时发力要脆。

图3－1－36①

图3－1－36②

图3－1－36③

图3－1－36④

图3－1－37①

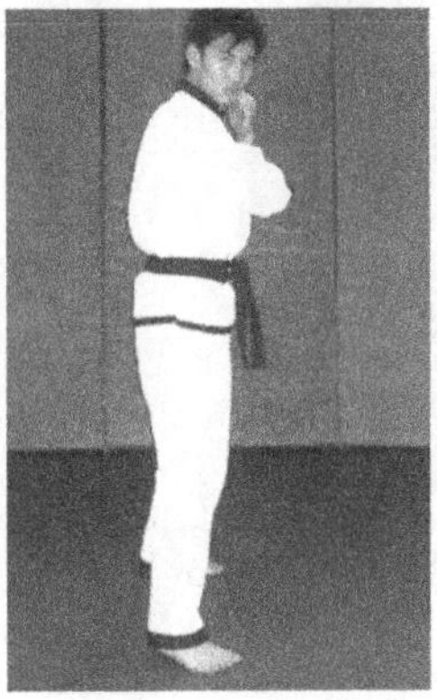

图3－1－37②

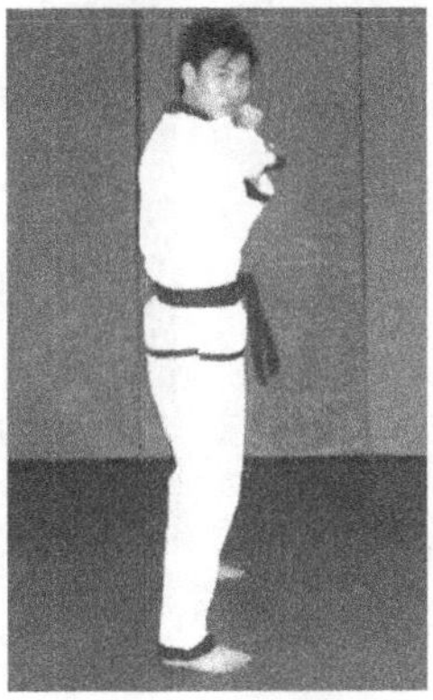

图3－1－37③

图3－1－37④

八、立战膝法

（一）顶 膝

1. 左顶膝

从防卫姿势开始，身体重心移至右腿，同时左腿屈膝上提，高过于腰，左脚尖自然向下，力达膝尖（图3－1－38①②③）。

要点：支撑腿要稳，上顶要快速有力。

2. 右顶膝

从防卫姿势开始，身体重心移至左腿，同时右腿屈膝上提，高过于腰，右脚尖自然向下，力达膝尖（图3－1－39①②③）。

要点：支撑腿要稳，上顶要快速有力。

图3-1-38①

图3-1-38②

图3-1-38③

图3-1-39①

图3-1-39②

图3-1-39③

九、立战跌法与摔法

（一）跌　法

1. 前　倒

两脚分开站立，上体前倒；同时屏气，两臂摆伸，顺势双手撑地，屈臂缓冲（图3-1-40①②③）。

2. 后　倒

两脚分开站立，屈膝下蹲；然后屏气，上体后倒，收下颌，在肩背触地的同时，两手在体侧拍地（图3-1-41①②③）。

3. 侧　倒

（1）左侧倒

两脚分开站立，左脚向右前伸，右膝弯曲；上体向左后倒，同时屏气；随后小腿、大腿、左臂依次触地，左手在体侧拍地（图3-1-42①②③）。

图3－1－40①

图3－1－40②

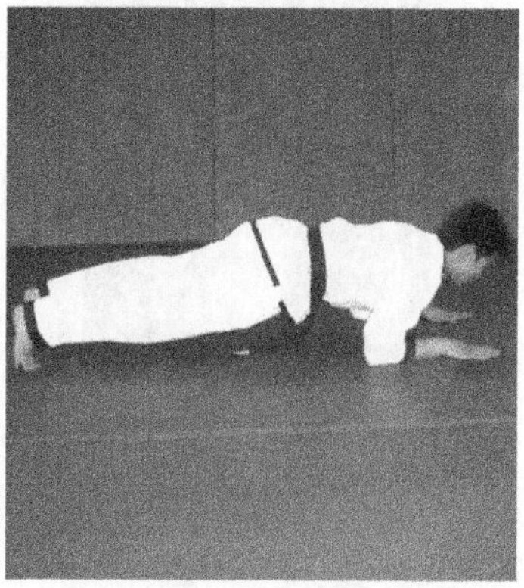
图3－1－40③

图3－1－41①

图3－1－41②

图3－1－41③

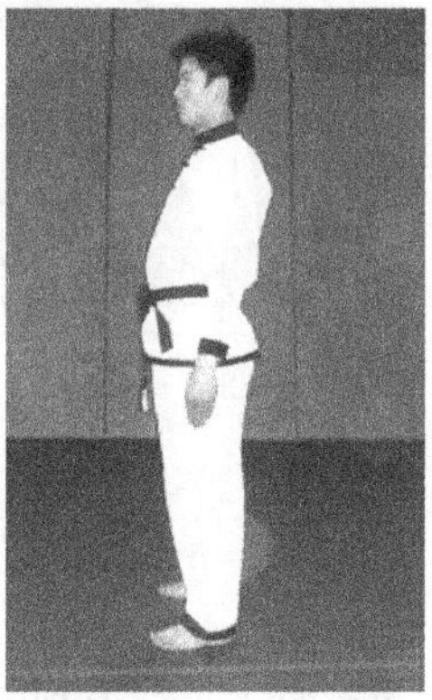
图3－1－42①

图3－1－42②

图3－1－42③

（2）右侧倒

两脚分开站立，右脚向左前伸，左膝弯曲；上体向右后倒，同时屏气；随后小腿、大腿、右臀依次触地，右手在体侧拍地（图3－1－43①②③）。

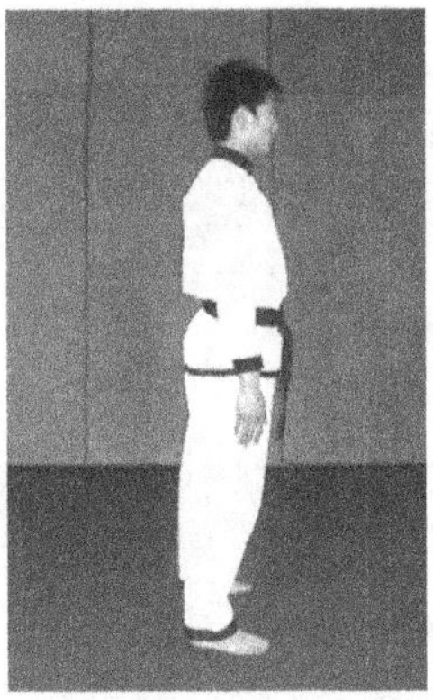
图 3-1-43①

图 3-1-43②

图 3-1-43③

（二）摔　法

1. 抱腿前顶

由立战姿势开始，上左步，并右步，身体下潜，随即两臂伸开，似抱对方膝关节窝处，随后右脚跟步与左脚并步，两手回拉，肩部前顶，然后恢复立战姿势（图3-1-44①②③④）。

要求：双手环抱动作小而快，下潜时腰部要挺直。

图 3-1-44①

图 3-1-44②

图 3-1-44③

图 3-1-44④

2. 抱腿旋压

由立战姿势开始，上左步，并右步，身体下潜，左手似抱住对方前大腿，右手抱对方前脚外踝处，以左脚掌为轴，身体向右后方旋转，同时右手上提，左肩下压，然后恢复立战姿势（图3-1-45①②③④）。

要求：抱腿旋压要连接紧凑，速度要快。

3. 夹颈过背

由立战姿势开始，右脚向前斜上步，身体左转，随即右手前伸似抱住对方颈部，左手似抓握对方右前臂，同时左脚并步，臀部似顶住对方腹部，随后左手拉右手挑，两腿蹬伸发力，弓腰，头向左转（图3－1－46①②③④⑤）。

要求：手、腿、腰要同时发力。

图3－1－45①

图3－1－45②

图3－1－45③

图3－1－45④

图3－1－46①

图3－1－46②

图3－1－46③

图3－1－46④

图3－1－46⑤

图3－1－47①

4. 插肩过背

由立战姿势开始，右脚向前斜上步，身体左转，随即右手前伸似从对方左臂下穿搂抱，左手似抓握对方右前臂，同时左脚并步，臀部似顶住对方腹部，随后左手拉右手挑，两腿蹬伸发力，弓腰，头向左转（图 3－1－47①②③④⑤）。

要求：上步要快，手、腿、腰要同时发力。

图 3－1－47②

图 3－1－47③

图 3－1－47④

图 3－1－47⑤

5. 抱腿别腿

由立战姿势开始，似对方用右横踢腿进攻时，双手抄抱对方攻击腿，上右步似插入对方支撑腿后方别腿，随后身体左转并用胸臂下压（图 3－1－48①②③④）。

要求：转体、下压衔接要快，用力要整。

图 3－1－48①

图 3－1－48②

图 3－1－48③

图 3－1－48④

6. 抱腿勾踢

由立战姿势开始，似对方用前蹬腿或前侧踹腿进攻时，双手抄抱对方踝关节部位，然后双手回拉，同时右手去抱抄对方的膝关节窝，随即右脚勾踢对方的脚跟（图 3－1－49①②③④）。

要求：回拉、勾踢不能脱节，发力要协调。

图 3－1－49①

图 3－1－49②

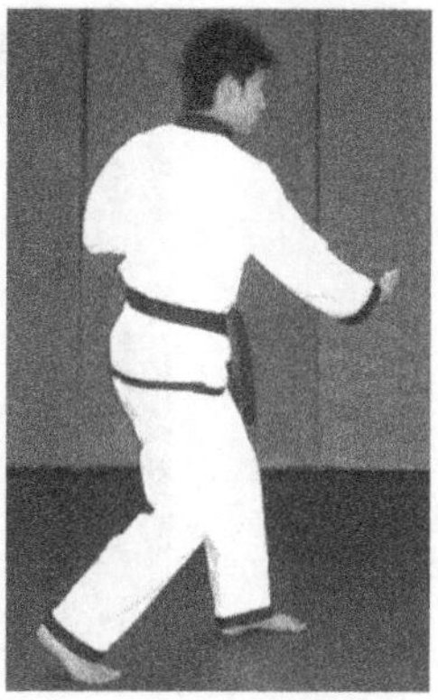
图 3－1－49③

图 3－1－49④

十、立战防守

（一）拍 档

1. 左拍挡

由立战姿势开始，左手向外向内横击，同时上体微向右转；完成动作后回原位（图 3－1－50①②③）。

图 3－1－50①

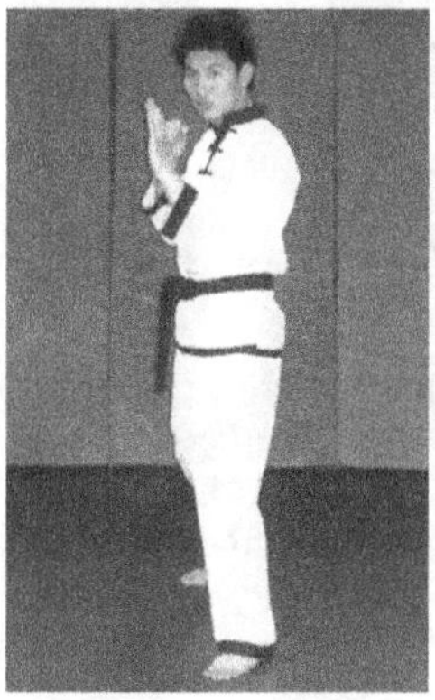
图 3－1－50②

图 3－1－50③

2. 右拍档

由立战姿势开始，上体微向左转，同时右手向外向内横击，完成动作后回原位（图 3－1－51①②③）。

图 3-1-51①

图 3-1-51②

图 3-1-51③

（二）挂 档

1. 左挂档

由立战姿势开始，左手上提护于左耳廓，肘尖向前，同时身体微向右转，完成动作后回原位（图 3-1-52①②③）。

图 3-1-52①

图 3-1-52②

图 3-1-52③

2. 右挂档

由立战姿势开始，右手上提护于右耳廓，肘尖向前，同时身体微向左转，完成动作后回原位（图 3-1-53①②③）。

（三）拍 压

1. 左拍压

由立战姿势开始，左手由上向下在腹前拍击，同时上体微向右转，完成动作后回原位（图 3-1-54①②③）。

图 3－1－53①

图 3－1－53②

图 3－1－53③

图 3－1－54①

图 3－1－54②

图 3－1－54③

2. 右拍压

由立战姿势开始，上体微向左转，同时右手由上向下在腹前拍击，完成动作后回原位（图 3－1－55①②③）。

图 3－1－55①

图 3－1－55②

图 3－1－55③

(四)掩 肘

1. 左掩肘

由立战姿势开始,左臂回收外旋,上臂贴近左肋,同时上体微向右转,完成动作后回原位(图3-1-56①②③)。

图3-1-56①

图3-1-56②

图3-1-56③

2. 右掩肘

由立战姿势开始,上体微向左转,同时右臂回收外旋,上臂贴近右肋,完成动作后回原位(图3-1-57①②③)。

图3-1-57①

图3-1-57②

图3-1-57③

(五)外 抄

由立战姿势开始,右手由上向下、向外划弧,同时上体微左转,完成后回原位(图3-1-58①②③)。

图3－1－58①

图3－1－58②

图3－1－58③

（六）内 抄

由立战姿势开始，左手由上向下、向外划弧，同时上体微右转，完成后回原位（图3－1－59①②③）。

图3－1－59①

图3－1－59②

图3－1－59③

（七）外 挂

由立战姿势开始，左手由上向下、向外格击，同时上体微右转，完成动作后回原位（图3－1－60①②③）。

（八）内 挂

由立战姿势开始，左手由上向下、向内格击，同时上体微右转，完成动作后回原位（图3－1－61①②③）。

（九）抄 抱

由立战姿势开始，左手屈臂向下、向里紧贴腹前，手心朝上，同时右手臂紧贴胸前，立掌或半握拳，虎口朝上，掌心朝前，两手形成合抱状，完成动作后回原位（图3－1－62①②③）。

图3－1－60①

图3－1－60②

图3－1－60③

图3－1－61①

图3－1－61②

图3－1－61③

图3－1－62①

图3－1－62②

图3－1－62③

（十）下潜摇身

1. 左下潜摇身

由立战姿势开始，两腿屈膝，沉跨，同时上体由上向内、向下、向左摇身，完成动作后回原位（图3－1－63①②③④）。

图 3 -1 -63①

图 3 -1 -63②

图 3 -1 -63③

图 3 -1 -63④

2. 右下潜摇身

由立战姿势开始，两腿屈膝，沉跨，同时上体由上向内、向下、向右摇身，完成动作后回原位（图 3 -1 -64①②③④）。

图 3 -1 -64①

图 3 -1 -64②

图 3 -1 -64③

图 3 -1 -64④

第二节　立战技术

一、立战解脱

（一）单手腕被同侧单手抓解脱法

1. 屈肘解脱

左手腕被对方右手正抓握，左臂内旋屈肘，即可解脱（图 3 -2 -1①②③）。

要点：左臂内旋与屈肘要连贯、有力，要从对方的虎口处进行挣脱。

图3－2－1①

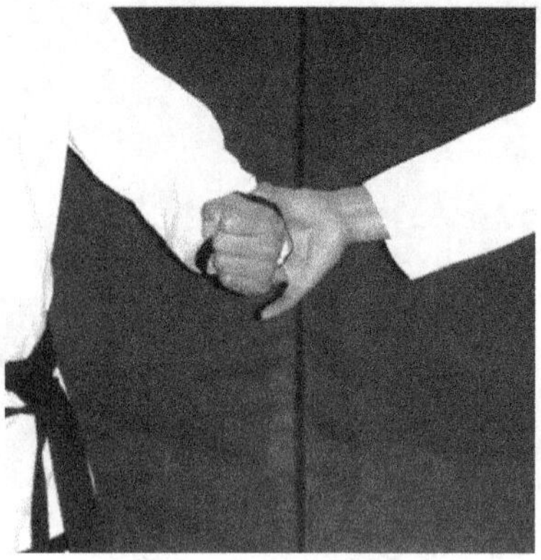
图3－2－1②

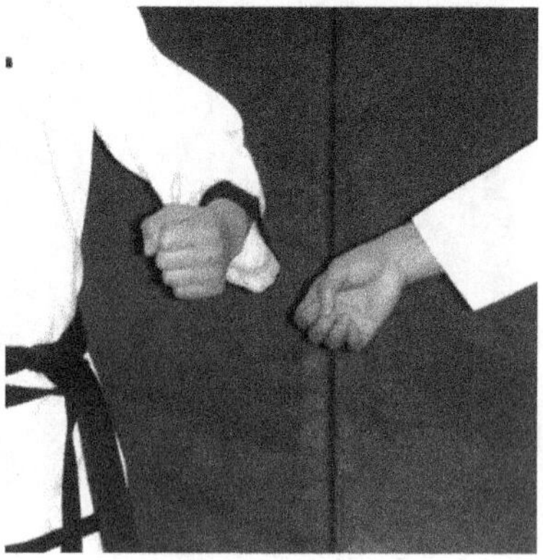
图3－2－1③

2. 提手解脱

左手腕被对方右手反抓握，右手抓握对方手腕上提，同时左臂内旋下压，即可解脱（图3－2－2①②③）。

要点：左手上提与右手下压要协调一致。

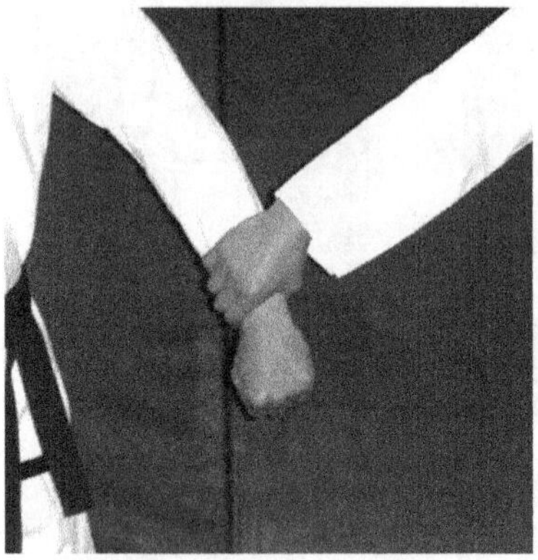
图3－2－2①

图3－2－2②

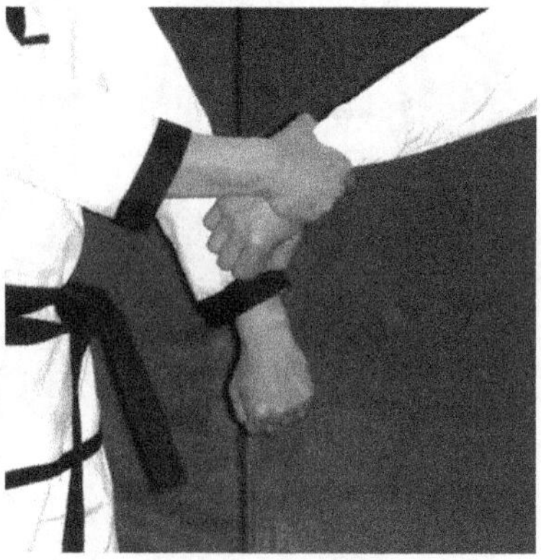
图3－2－2③

（二）单手腕被异侧单手抓解脱法

1. 挑手解脱

左手腕被对方左手正抓握，右手向上拍打对方手腕，同时左臂内旋下压，即可解脱（图3－2－3①②③）。

要点：左手上挑与右手下压要协调一致。

图3－2－3①

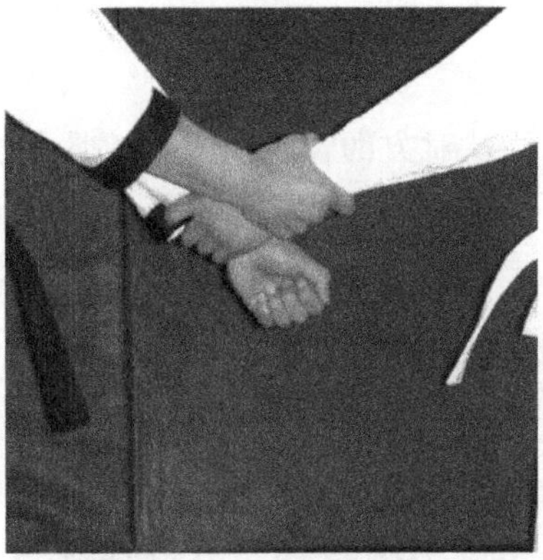

图3－2－3②

图3－2－3③

（三）单手腕被双手抓解脱法

1. 上提屈肘解脱

左手臂部被对方双手正抓握，右手抓握对方左手腕上提，同时左臂屈肘内旋回带，即可解脱（图3－2－4①②③④）。

要点：回拉与左臂前伸要同时，用力快速完整。

图3－2－4①

图3－2－4②

图3－2－4③

图3－2－4④

2. 握手下带

左手臂被对方双手反抓握，右手从对方两臂之间向上抓握己方左拳，随后双手同时向下用力即可解脱（图 3－2－5①②③）。

要点：相握要快，下带要猛。

图 3－2－5①

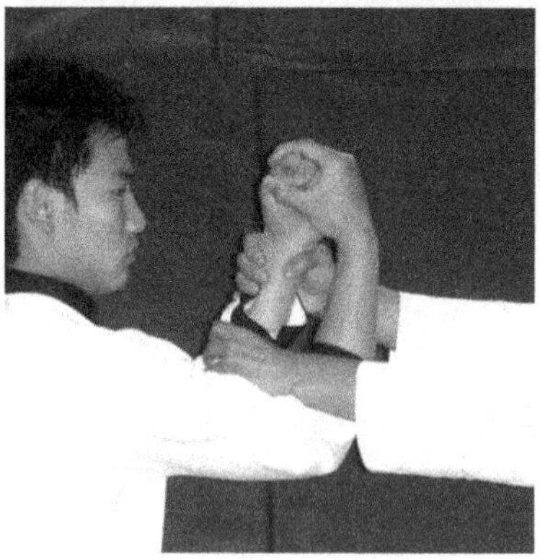

图 3－2－5②

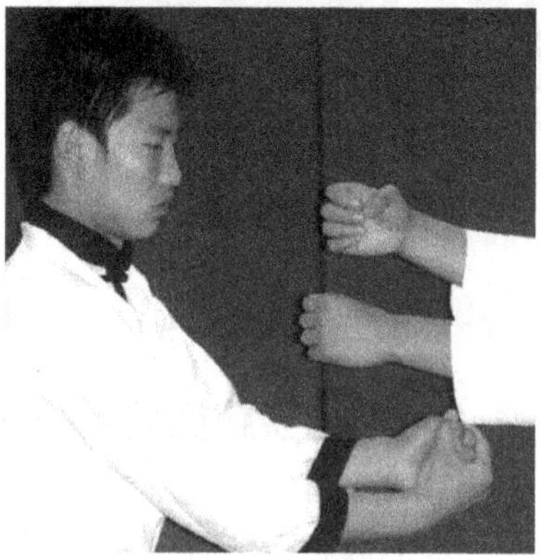

图 3－2－5③

（四）双手腕被双手抓解脱法

1. 下按上挑

双手腕被对方双手正抓握，双臂内旋下按，随后双臂外旋屈肘上挑，即可解脱（图 3－2－6①②③④）。

要点：下按屈膝做虚劲，突然上挑发力。

2. 下按拍打

双手腕被对方双手反抓握，双臂内旋下按，同时拍打对方手腕，即可解脱（图 3－2－7①②③）。

要点：屈肘下按向腹前。

图 3－2－6①

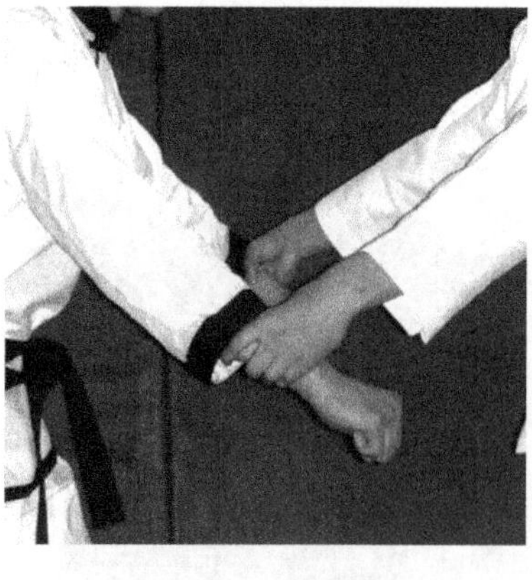

图 3－2－6②

图3-2-6③

图3-2-6④

图3-2-7①

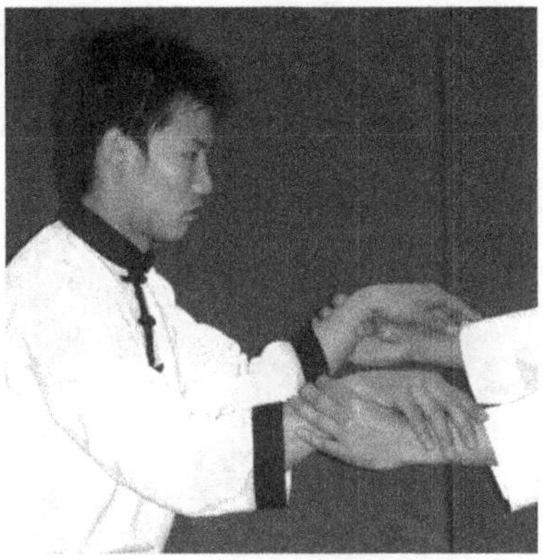

图3-2-7②

图3-2-7③

二、立战擒拿

(一)抓握手腕擒拿法

1. 抓腕推腕擒拿

左手腕被对方同侧正抓握,己方左臂外摆,同时右手四指抠抓对方掌外延,拇指按压虎口,随即右手翻转,左手外旋,随后左手四指抠抓对方拇指内侧,与右手同时发力推压手腕(图3-2-8①②③④⑤)。

要点:右手翻转与左手挣脱要一致;双手四指回带,拇指推压。

2. 抓腕拧臂擒拿

左手腕被对方同侧正抓握,己方左臂内摆,同时右手四指抠抓对方拇指内侧,拇指按压掌背,随即右手翻转,左手外旋,随后左手抓握对方手背,与右手同时逆时扭转手臂(图3-2-9①②③④)。

要点:左手挣脱小而快,双手扭转可回带。

图3-2-8①

图3-2-8②

图3-2-8③

图3-2-8④

图3-2-8⑤

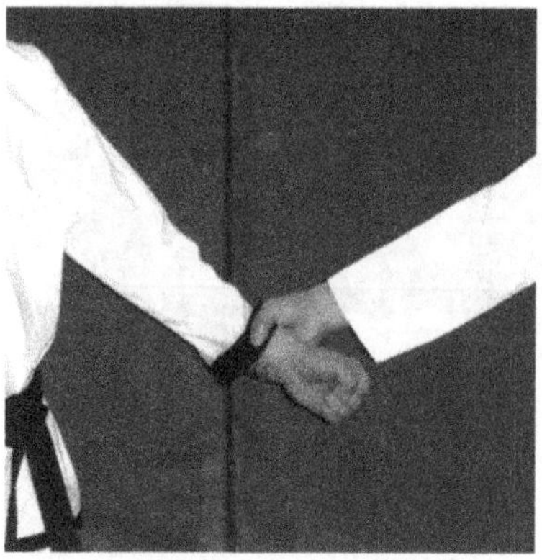
图3-2-9①

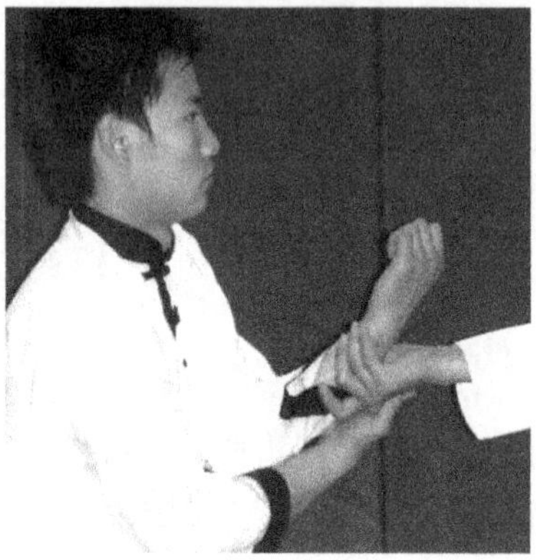
图3-2-9②

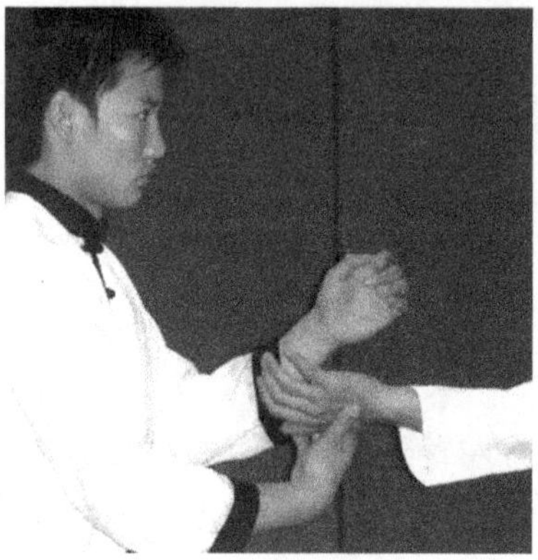
图3-2-9③

图3-2-9④

3. 抓腕屈腕擒拿

右手腕被对方异侧正抓握，左手四指抠抓对方拇指内侧，拇指按压掌背，随即左手扭转，右手翻转挣脱抓握对方手腕前折（图3-2-10①②③④⑤⑤附）。

要点：双手前折可回带。

图3-2-10①

图3-2-10②

图3-2-10③

图3-2-10④

图3-2-10⑤

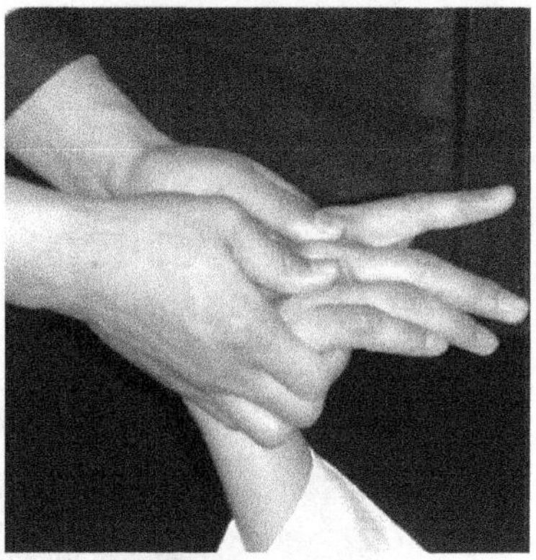

图3-2-10⑤附

（二）抓肩擒拿法

1. 抓肩折腕擒拿

左肩部被对方右手抓握时，己方右手抓握对方右手腕，随即左臂屈肘上抬经外向里砸压侵害方右腕，同时，身体右转，右手拧折对方右手腕（图3-2-11①②③④）。

图3-2-11①

图3-2-11②

图3－2－11③

图3－2－11④

要点：左臂下压和身体右转，用力一致、协调，砸腕要猛、狠有力。

2. 抓肩折肘擒拿

左肩部被对方右手抓握时，己方右手抓握对方右手腕后，随即左臂屈肘上抬磕击对方右肘，同时身体右转，撅折对方右肘（图3－2－12①②③④）。

图3－2－12①

图3－2－12②

图3－2－12③

图3－2－12④

要点：扣抓要紧，磕击要狠。

3. 抓肩反臂擒拿

肩部被对方双手抓握时，随即左手由下抓握对方左腕，右手由上抓握对方右腕，随后，左臂屈肘上撬，同时上体后仰右转，随即右手搬拉，左臂翻转，拧折对方腕臂（图3－2－13①②③③附④）。

要点：双手抓握要紧，上撬、仰头、转体要协调、连贯，发力要狠。

图3－2－13①

图3－2－13②

图3－2－13③

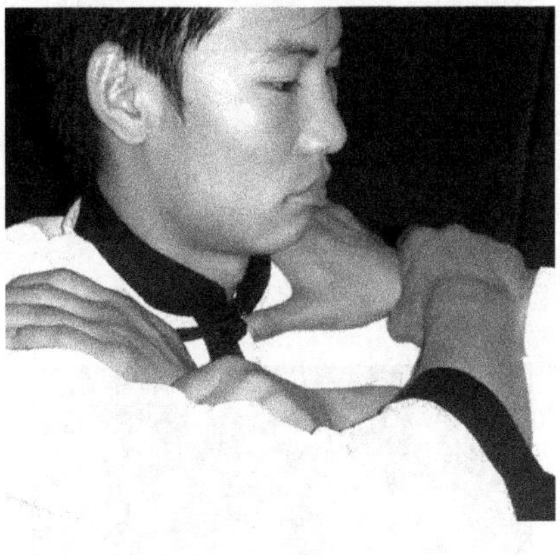

图3－2－13③附

图3－2－13④

（三）抓握前襟擒拿法

1. 直臂抓襟擒拿

前襟被对方右手直臂抓握时，右手扣按对方右手背，随即身体右转回带，左上臂按压对方前臂，折对方肘部（图3－2－14①②③）。

要点：扣按要牢，转身回带要快，按压要狠，身体发立。

2. 立屈抓襟擒拿

前襟被对方左手立屈臂抓握时，右手扣按对方右手背，同时左手抓其肘部，随后身体右转，右手按压，左手推其肘部（图3－2－15①②③④）。

要点：右手按压要紧、不动，身体右转与推肘要一致。

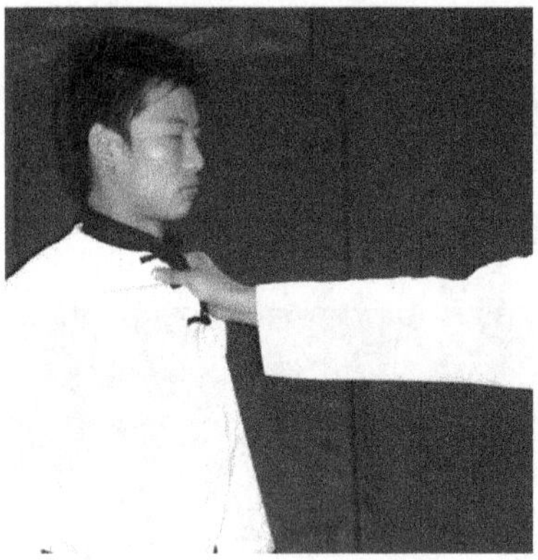

图3－2－14①

图3－2－14②

图3－2－14③

图3－2－15①

图3－2－15②

图3－2－15③

图3－2－15④

3. 平屈抓襟擒拿

前襟被对方左手平屈臂抓握时，左臂抬起抡臂砸压扭转对方右手臂，同时抓握对方手腕控于后背（图3－2－16①②③④⑤）。

要点：抡臂砸压同时身体微右转，左臂挑击对方肘关节。

图3－2－16①

图3－2－16②

图3－2－16③

图3－2－16④

图3－2－16⑤

三、立战进攻与防守

（一）冲拳进攻与防守

1. 左冲拳进攻——右拍挡防守

双方由立战姿势开始，一方进步用左冲拳进攻另一方面部；另一方用右拍挡防守，然后恢复立战姿势（图3－2－17①②③）。

要求：进攻方进攻时要结合步法，出拳速度要快；防守方拍挡要迅速、要准。

2. 右冲拳进攻——左拍压防守

双方由立战姿势开始，一方进步用右冲拳进攻另一方腹部；另一方用左拍压防守，然后恢复立战姿势（图3－2－18①②③）。

要求：进攻方进攻时要结合步法，出拳速度要快；防守方微收腹，拍压要迅速、要准。

图 3－2－17①

图 3－2－17②

图 3－2－17③

图 3－2－18①

图 3－2－18②

图 3－2－18③

3. 左冲拳进攻——右顺抓防守

双方由立战姿势开始，一方进步用左冲拳进攻另一方面部，另一方右跨步躲闪，借势顺应发力方向，用左手抓握对方手腕，右手上提护于头侧（图 3－2－19①②②附③）。

要求：进攻方进步、出拳速度要快；防守方要抓握准确，有反击意识。

图 3－2－19①

图 3－2－19②

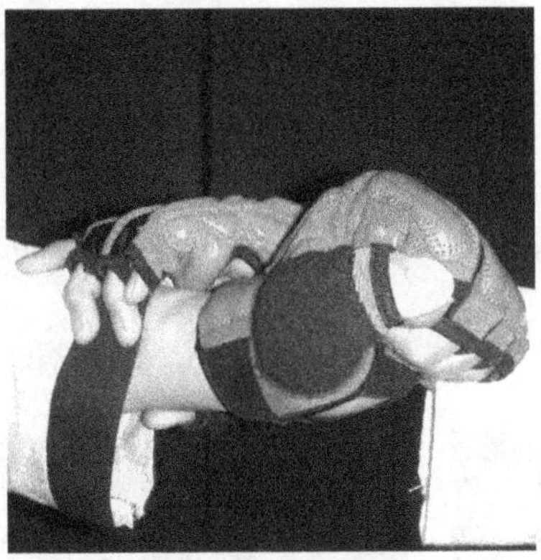

图 3 -2 -19②附

图 3 -2 -19③

4. 左冲拳进攻——左顺抓防守

双方由立战姿势开始，一方进步用左冲拳进攻另一方面部，另一方左跨步躲闪，借势顺应发力方向，用左手抓握对方手腕，右手上提护于头侧（图 3 -2 -20①②②附③）。

要求：进攻方进步、出拳速度要快；防守方要抓握准确，有反击意识。

图 3 -2 -20①

图 3 -2 -20②

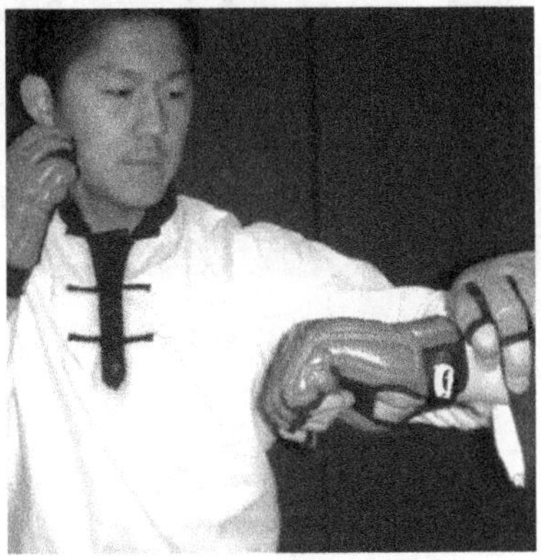

图 3 -2 -20②附

图 3 -2 -20③

（二）掼拳进攻与防守

1. 左掼拳进攻——右挂挡防守

双方由立战姿势开始，一方进步用左掼拳进攻另一方面部；另一方用右挂挡防守，然后恢复立战姿势（图 3 －2 －21①②③）。

要求：进攻方进攻时要结合步法，把握好距离，出拳速度要快；防守方挂挡要迅速有力。

图 3 －2 －21①

图 3 －2 －21②

图 3 －2 －21③

2. 右掼拳进攻——左挂挡防守

双方由立战姿势开始，一方进步用右掼拳进攻另一方面部；另一方用左挂挡防守，然后恢复立战姿势（图 3 －2 －22①②③）。

要求：进攻方进攻时要结合步法，把握好距离，出拳速度要快；防守方挂挡要迅速有力。

图 3 －2 －22①

图 3 －2 －22②

图 3 －2 －22③

（三）抄拳进攻与防守

1. 左抄拳进攻——右掩肘防守

双方由立战姿势开始，一方进步用左抄拳进攻另一方腹部；另一方用右掩肘防守，然后恢复立战姿势（图 3－2－23①②③）。

要求：进攻方要结合步法，出拳速度要快；防守方微收腹，掩肘要准。

图 3－2－23①

图 3－2－23②

图 3－2－23③

2. 右抄拳进攻——左掩肘防守

双方由立战姿势开始，一方进步用右抄拳进攻另一方腹部；另一方用左掩肘防守，然后恢复立战姿势（图 3－2－24①②③）。

要求：进攻方要结合步法，出拳速度要快；防守方微收腹，掩肘要准。

图 3－2－24①

图 3－2－24②

图 3－2－24③

（四）踹腿进攻与防守

1. 左踹腿进攻——外挂防守

双方由立战姿势开始，一方用左踹腿攻击另一方躯干部位；另一方用外挂防守，然后恢复立战姿势（图 3－2－25①②③）。

要求：进攻方出腿要快；防守方防守要准、迅速有力。

图 3-2-25①

图 3-2-25②

图 3-2-25③

2. 右踹腿进攻——内挂防守

双方由立战姿势开始，一方用右踹腿攻击另一方躯干部位；另一方用内挂防守，然后恢复立战姿势（图 3-2-26①②③）。

要求：进攻方出腿要快；防守方防守要准、迅速有力。

图 3-2-26①

图 3-2-26②

图 3-2-26③

（五）横踢腿进攻与防守

1. 左横踢腿——内抄防守

双方由立战姿势开始，一方用左横踢腿攻击另一方躯干部位；另一方用内抄防守，然后恢复立战姿势（图 3-2-27①②③）。

要求：进攻方要把握距离，出腿要快；防守方抄报要迅速有力。

2. 右横踢腿——外抄防守

双方由立战姿势开始，一方方用右横踢腿攻击另一方躯干部位；另一方用外抄防守，然后恢复立战姿势（图 3-2-28①②③）。

要求：进攻方要把握距离，出腿要快；防守方抄报要迅速有力。

图 3 -2 -27①

图 3 -2 -27②

图 3 -2 -27③

图 3 -2 -28①

图 3 -2 -28②

图 3 -2 -28③

（六）踩腿进攻与防守

1. 踩腿进攻——撤步防守

双方由立战姿势开始，一方用右踩腿进攻另一方前小腿部位；另一方撤步防守（图 3 -2 -29①②③）。

图 3 -2 -29①

图 3 -2 -29②

图 3 -2 -29③

要求：进攻方踩腿要快，注意平衡；防守方撤步迅速，预兆要小。

（七）勾踢腿进攻与防守

1. 右勾踢进攻——提膝防守

双方由立战姿势开始，一方用右勾踢腿进攻另一方前小腿部位；另一方提膝防守（图3-2-30①②③）。

要求：进攻方出腿要快；防守方防守要迅速，预兆要小。

图3-2-30①

图3-2-30②

图3-2-30③

（八）膝法进攻与防守

1. 顶膝进攻——拍压防守

双方由立战姿势开始，一方进步用双手控制住另一方，左手抓握另一方右手，右手控制另一方颈部，顶膝攻击另一方腹部；另一方用左手拍压防守（图3-2-31①②③④）。

要求：进攻方抓握对方、顶膝一定要连接紧凑，速度要快；防守方防守要迅速有力。

图3-2-31①

图3-2-31②

图3-2-31③

图 3－2－31④

图 3－2－32①

2. 撞膝进攻——提膝防守

双方由立战姿势开始，一方进步用双手控制住另一方，左手抓握另一方右手，右手控制另一方颈部，撞膝攻击另一方腰部；另一方提膝防守（图 3－2－32①②③④）。

要求：进攻方抓握对方、顶膝一定要连接紧凑，速度要快；防守方防守要迅速有力。

图 3－2－32②

图 3－2－32③

图 3－2－32④

（九）肘法进攻与防守

1. 顶肘进攻——拍挡防守

双方由立战姿势开始，一方进步用左手抓握另一方右手，然后上步以右顶肘攻击另一方胸部；另一方用左手拍挡防守（图 3－2－33①②③④）。

要求：进攻方抓握对方、顶肘速度一定要快，左手一定控制住红方右手；防守方防守要迅速有力。

图 3－2－33①

图 3 -2 -33②

图 3 -2 -33③

图 3 -2 -33④

四、立战反击

（一）拳、腿反击技术

1. 拍挡摆拳反击

双方由立战姿势开始，当一方进步用左冲拳进攻另一方面部时，另一方用右拍挡防守，随后以左摆拳反击对方面部。一方如以右冲拳进攻，另一方可用左拍挡，右手反击（图 3 -2 -34①②③）。

要求：步法移动要灵活，合理把握距离，以便防守到位，反击及时、准确。

图 3 -2 -34①

图 3 -2 -34②

图 3 -2 -34③

2. 外挂横踢反击

双方由立战姿势开始，当一方用前踹腿进攻另一方躯干部位时，另一方使用外挂防守，随后横踢反击对方大腿部位（图 3 -2 -35①②③④）。

要求：防守反击要协调、连贯。

图 3-2-35①

图 3-2-35②

图 3-2-35③

图 3-2-35④

图 3-2-36①

（二）膝法反击

1. 抓握顶膝反击

双方由立战姿势开始，当一方用右掼拳攻击另一方面部时，另一方以左手反抓防守，随后伸出右手控制对方颈部，并以右顶膝反击对方腹部（图 3-2-36①②③④）。

图 3-2-36②

图 3-2-36③

图 3-2-36④

要求：防守、反击要紧凑，不能脱节。

（三）摔法反击技术

1. 下潜前顶摔反击

双方由立战姿势开始，当一方用冲拳进攻另一方面部时，另一方使用下潜防守，随后进步抱住对方双腿，肩顶回带前顶摔将对方摔倒（图 3 – 2 – 37①②③④）。

要求：防守要及时；反击动作要规范、迅速。

图 3 – 2 – 37①

图 3 – 2 – 37②

图 3 – 2 – 37③

图 3 – 2 – 37④

图 3 – 2 – 38①

图 3 – 2 – 38②

2. 抱腿旋压摔反击

双方由立战姿势开始，当一方冲拳进攻另一方面部时，另一方进步下潜防守，随后抱住对方前腿，撤右步同时双手发力，肩部下压，将对方摔倒（图 3 – 2 – 38①②②附③④）。

要求：防守时动作要规范，左手抱住对方膝关节窝，右手抱住对方脚踝处，以便旋压摔顺利进行。

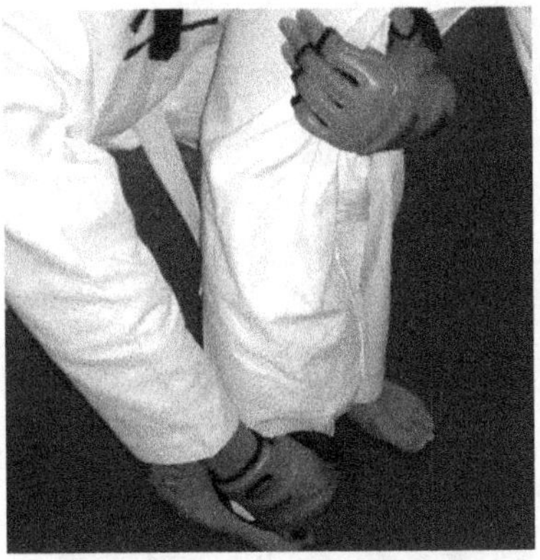

图 3 -2 -38②附

图 3 -2 -38③

图 3 -2 -38④

3. 抓握夹颈过背摔反击

双方由立战姿势开始，当一方用右掼拳进攻另一方面部时，另一方左手抓握对方手腕防守，随即上右步，同时右臂搂抱对方颈部，左转挺膝过背将对方摔倒（图 3 -2 -39①②③④⑤）。

要求：反击方抓握要准，过背摔要规范、迅速。

图 3 -2 -39①

图 3 -2 -39②

图 3 -2 -39③

图 3 -2 -39④

图 3 -2 -39⑤

4. 抄抱勾踢摔反击

双方由立战姿势开始，当一方用前踹腿进攻另一方躯干部位时，另一方抄抱，左手抓其脚踝，右手抱其小腿，双手回拉，同时右脚勾踢对方支撑脚脚踝处，将对方摔倒（图3－2－40①②②附③④⑤）。

要求：抄抱要迅速有力，回拉、勾踢要连接紧凑，不能脱节。

图3－2－40①

图3－2－40②

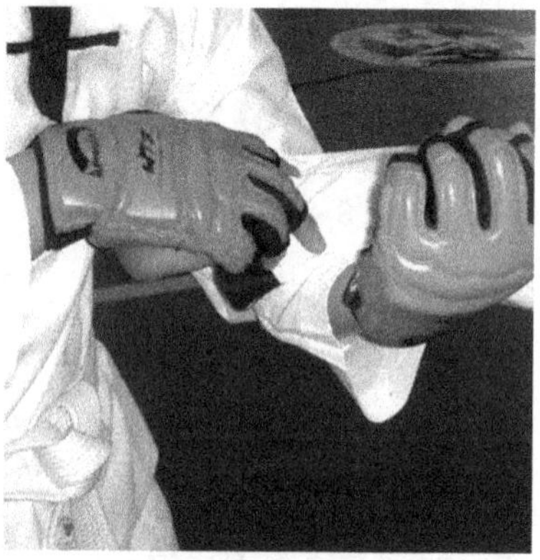

图3－2－40②附

图3－2－40③

图3－2－40④

图3－2－40⑤

5. 外抄别腿摔反击

双方由立战姿势开始，当一方用右横踢攻击另一方躯干部位时，另一方外抄防守；随即上步别对方支撑腿，将其摔倒（图3－2－41①②③④）。

要求：防守与反击要连贯、迅速。

6. 抄抱抓颈摔反击

双方由立战姿势开始，当一方上步用右顶膝进攻另一方腹部时，另一方收腹抄抱对方膝关节窝，右手抓握对方颈部，随即右转腰发力，回拉右手，上挑左手，将其摔倒（图3－2－42①②③④⑤）。

要求：抄抱要迅速有力，转腰、回拉要连接紧凑，不能脱节。

图3－2－41①

图3－2－41②

图3－2－41③

图3－2－41④

图3－2－42①

图3－2－43②

图3－2－42③

图3－2－42④

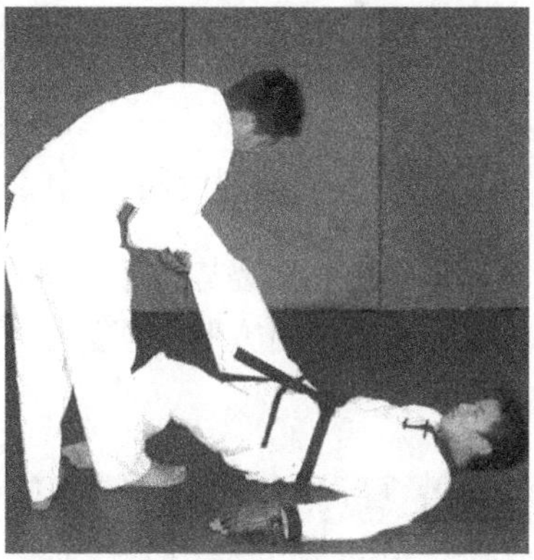

图3－2－42⑤

7. 堵击下潜前顶摔反击

双方由立战姿势开始，一方进步用左冲拳进攻另一方面部；另一方使用踹腿堵击对方躯干部位，然后立即进步下潜防抱住对方双腿，肩顶回带前顶摔将对方摔倒（图3－2－43①②③④⑤）。

要求：进攻方进攻时速度要快；堵击要把握时机，摔法要规范、迅速。

图 3 - 2 - 43①

图 3 - 2 - 43②

图 3 - 2 - 43③

图 3 - 2 - 43④

图 3 - 2 - 43⑤

（四）擒拿反击技术

1. 左顺抓压肘反击

双方由立战姿势开始，一方进步用右冲拳进攻另一方面部；另一方左跨步左顺抓握，随即左手扭转回带致使对方肘关节尖压于腋下，然后双手上抬，身体下沉，撅其肘关节（图 3 - 2 - 44①②③）。

图 3 - 2 - 44①

图 3 - 2 - 44②

图 3 - 2 - 44③

要求：左跨步要急，同时要进身，抓握要准。

2. 左反抓压肘反击

双方由立战姿势开始，一方用左冲拳进攻另一方面部；另一方右跨步左反抓握，随即左手回带，右手掸手反击对方面部、颈部，然后右手按压对方左肘（图 3 - 2 - 45①②③④）。

要求：右跨步要急，掸手、压肘动作连接要紧凑、协调。

图 3 - 2 - 45①

图 3 - 2 - 45②

图 3 - 2 - 45③

图 3 - 2 - 45④

图 3 - 2 - 46①

图 3 - 2 - 46②

3. 顶肘控制

双方由立战姿势开始，一方进步用左冲拳进攻另一方面部；另一方左反抓握，随即上右步顶肘，随后右手拍打对方后腰发力进行别摔，将红方摔倒，然后右膝顶肩，右手压肘，左手压腕于己方大腿部（图 3 - 2 - 46①②③④⑤⑥⑥附）。

图 3 - 2 - 46③

图 3 - 2 - 46④

要求：顶肘后收身以便右手反击，别摔对方于体前；控制时使对方肘部向上。

图 3－2－46⑤

图 3－2－46⑥

图 3－2－46⑥附

4. 顶膝控制

双方由立战姿势开始，一方用右掼拳攻击另一方面部；另一方左反抓握，右手搂抓对方后颈部，随即回带顶膝攻击对方腹部，随后下压拧臂将对方摔倒，右手按压颈部，然后发力使黑方屈肘，手心朝上靠与其背部，然后用右手按压其手腕，左手按压肘部（图 3－2－47①②③④⑤⑥⑦⑧⑧附）。

图 3－2－47①

图 3－2－47②

图 3－2－47③

图 3－2－47④

图 3－2－47⑤

图 3－2－47⑥

图 3－2－47⑦

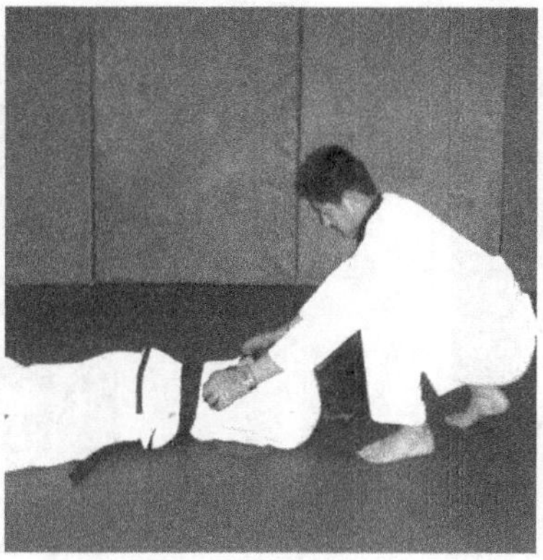

图 3－2－47⑧

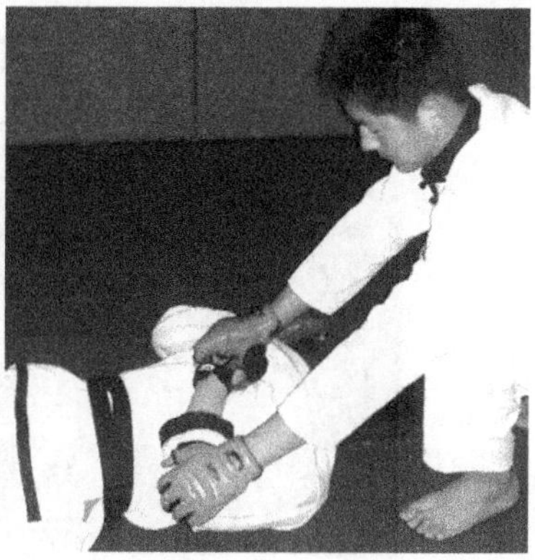

图 3－2－47⑧附

要求：下压时，身体要后撤，以便控制；控制时要迅速，有力。

5. 推掌控制

双方立战姿势开始，一方用右横踢攻击另一方躯干部位；另一方左手抄抱，右手推掌攻击对方面部，随即上右步，别腿将对方摔倒，左手抓住对方脚腕，右手按压对方膝关节，发力使其膝关节弯曲，然后将右腿放至对方右髋部位，并且坐其大腿根部下压，随即用膝顶住其膝关节，双手抓握脚腕处，回拉发力将其控制（图 3－2－48①②③④④附⑤⑥⑦）。

图 3－2－48①

图 3－2－48②

图 3－2－48③

图 3－2－48④

图 3－2－48④附

图 3－2－48⑤

图3-2-48⑥

图3-2-48⑦

要求：抄抱、上步速度要快，发力要干脆；控制时要迅速、有力。

（五）立战阻击

1. 踹腿阻击

双方由立战姿势开始，一方进步用冲拳进攻另一方面部；另一方使用踹腿堵击黑方躯干部位，然后恢复立战姿势（图3-2-49①②③）。

要求：进攻方进攻时速度要快；堵击要把握时机，迅速、有力。

图3-2-49①

图3-2-49②

图3-2-49③

小 结

本章重点教授了站立式对抗主要运用的基本技术方法，通过进攻与防守反击掌握基本技术技法在对抗中的运用。这里需要明确的是练习和掌握全面实战还需要条件实战的过程。因此，基本技术方法的学习是解决在实战中要有攻击的方法，基本技术学习是解决对抗中个人的空间感、距离感、时机、反应的建立与把控，只有在这样基础上才能逐步过渡到条件实战和全面实战。练习基本技术时，应注意立战与地战的衔接，不要把两种形式隔开、独立。

思考题：

1. 如何理解技术方法的路线、力点、规格等术语？
2. 如何理解进攻、防守、防守反击技术与实战的区别与联系？
3. 如何理解步法在运用技法时的重要性？
4. 如何理解技术练习时思维与技法的灵活性？
5. 如何理解技法与技术掌握的全面性与独特性？

第四章 地躺擒拿格斗

第一节 地战技法

一、地战移动

（一）平移前行

身体自然平躺，双手放于身体两侧，双手抱拳于胸前，同时左腿屈起，左脚踏地用力，身体右转向上移动；随后右腿屈蹬地，身体左转向上移动，如此反复（图4－1－1①②③④⑤⑥）。

图4－1－1①

图4－1－1②

图4－1－1③

图4－1－1④

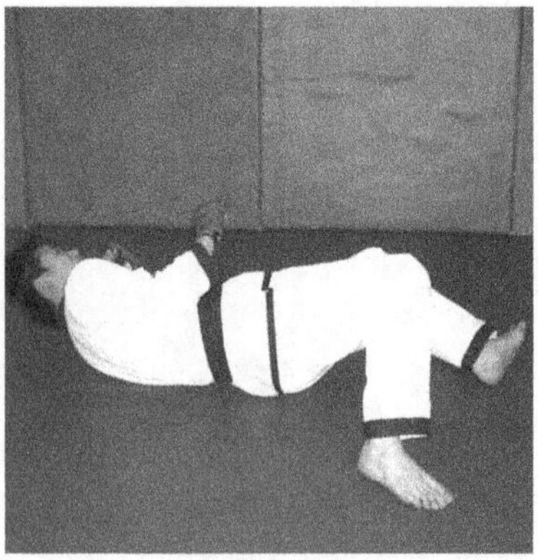

图4－1－1⑤

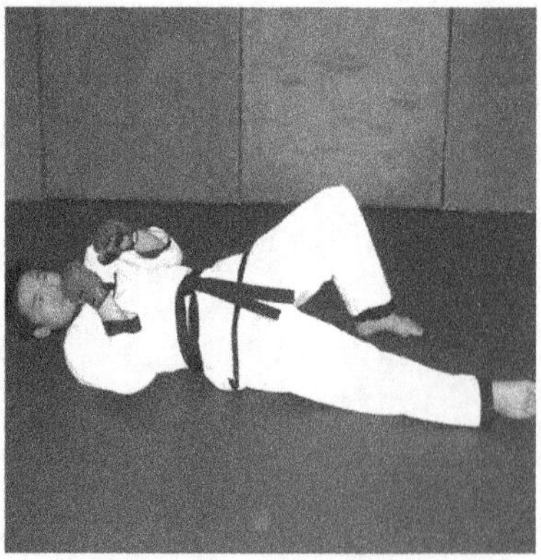

图4－1－1⑥

要求：移动要迅速，蹬地移动要协调。

作用：用于被人按倒在地时的挣脱及反击。

（二）平移转动

身体自然平躺，双手抱拳于胸前，双腿屈膝，随即以腰为轴心，左脚发力，右脚跟上依次用力，顺势转动（图4－1－2①②③④⑤）。

要求：可顺、逆方向转动。

作用：用于被人按倒在地时的挣脱及反击。

图4－1－2①

图4－1－2②

图4－1－2③

图4－1－2④

图4－1－2⑤

（三）平移翻身

身体自然平躺，两手自然放于身体两侧，双臂屈于胸前，同时双腿屈膝撑地；随后左腿用力，身体右转，双手位于右耳侧撑地，身体成弓状；左腿继续用力，身体继续右转成俯趴在地，双腿屈起跪地，双手支撑（图4－1－3①②③④⑤）。

要点：翻滚过程中要挺胸，收腹，收下颌。

要求：腰和腿用力，腹部不能着地。

作用：用于被人按倒在地时的挣脱及反击。

图4－1－3①

图4－1－3②

图4－1－3③

图4－1－3④

图4－1－3⑤

二、地战拳法

（一）直　拳

1. 左直拳

平躺在地，双腿弯曲，左脚蹬地，随即上体微右转，同时左臂内旋，由屈到伸直线向前击出，力达拳面（图4－1－4①②）。

图4－1－4①

图4－1－4②

2. 右直拳

平躺在地，双腿弯曲，右脚蹬地，随即上体微左转，同时右臂内旋，由屈到伸直线向前击出，力达拳面（图4－1－5①②）。

图4－1－5①

图4－1－5②

图4－1－6①

（二）掼　拳

1. 左掼拳

平躺在地面，双腿弯曲，左脚蹬地随即上体微右扭转，同时左臂内旋向前里弧形出击，力达拳面，大小臂夹角约130度（图4－1－6①②）。

图4－1－6②

图4－1－7①

图4－1－7②

2. 右掼拳

平躺在地面，双腿弯曲，右脚蹬地随即上体微左扭转，同时右臂内旋向前里弧形出击，力达拳面，大小臂夹角约130度（图4－1－7①②）。

三、地战腿法

（一）蹬　腿

1. 左蹬腿

平躺在地面上，双腿弯曲，左腿提膝上抬至腹前，随即腿部由曲到伸，力达脚掌（图4－1－8

①②③）。

图4－1－8①

图4－1－8②

图4－1－8③

2. 右蹬腿

平躺在地面，双腿弯曲，右腿提膝上抬至腹前，随即腿部由曲到伸，力达脚掌（图4－1－9①②③）。

图4－1－9①

图4－1－9②

图4－1－9③

四、地战肘法

（一）担　肘

1. 左担肘

平躺在地面，双腿弯曲，左肘上抬向下用力，力达肘尖（图4－1－10①②③）。

2. 右担肘

平躺在地面，双腿弯曲，右肘上抬向下用力，力达肘尖（图4－1－11①②③）。

图 4－1－10①

图 4－1－10②

图 4－1－10③

图 4－1－11①

图 4－1－11②

图 4－1－11③

五、地战膝法

(一) 顶　膝

1. 左顶膝

平躺在地面，双腿弯曲，右脚蹬地，左腿大腿发力，力达膝尖（图 4－1－12①②）。

图 4－1－12①

图 4－1－12②

2. 右顶膝

平躺在地面，双腿弯曲，左脚蹬地，右腿大腿发力，力达膝尖（图4－1－13①②）。

图4－1－13①

图4－1－13②

第二节　地战技术

一、地战擒拿

（一）绞技擒拿

1. 绞技的概念

绞技是施技者利用自己的双手或者利用对方的衣领，通过压迫对方的颈动脉，使对方大脑缺氧而休克，或者使其难以忍受疼痛，从而达到制服对方的一种技术。

2. 绞技的种类

最常见的绞技有以下4种，分别是勒颈绞、三角绞、送襟绞和压颈绞。

（1）勒颈绞的应用方法

勒劲绞是绞技中最直接、最简单的一种，是施技者直接用双手压迫对方颈动脉和气管的一种技术。此技术无论对方是坐立还是俯卧爬姿势时，均可使用。

①如果对方是坐立姿势时，施技者从对方背面做勒颈绞

当对方成坐立姿势时，施技者跪坐在对方背面。首先右手掌心朝下，从对方的右肩上部向前伸出后，随即使肘关节弯曲大约成150度角左右的状态，施技者左手掌心朝下，同样从对方的左肩上部向前伸出后与施技者的右手形成十字扣，也就是施技者的右手必须抓握左手腕关节处，随后施技者双手向后用力勒绞对方的颈部，达到一定的威胁，勒颈绞技术形成。另外，施技者也可以利用双腿控制对方身体的同时双手向后用力勒绞对方的颈部，勒颈绞的效果会更好（图4－2－1①②③④⑤）。

图4－2－1①

图4－2－1②

图4－2－1③

图4－2－1④

图4－2－1⑤

②如果对方是俯卧爬姿势时，施技者从对方背面做勒颈绞

当对方成俯卧状态时，施技者可骑在对方的背部上面进行勒颈绞。首先施技者可骑在对方的腰部，向前屈体俯卧，右手抬起对方的前额，随即左手迅速替换右手的位置；施技者伸出右手突然插入对方的颈下部并成弯曲状，然后施技者的左手从对方左肩部伸出与右手会合形成十字状，施技者的右手必须抓握自己左手腕关节；施技者上体靠住对方的头部，然后双手突然向上向后收紧，形成勒颈绞技术（图4－2－2①②③④⑤⑥）。

图4－2－2①

图4－2－2②

图4－2－2③

图4-2-2④

图4-2-2⑤

图4-2-2⑥

技术要领：双掌心朝下，施技者头部要紧贴对方的头部，防止对方头部方向产生变化，强调瞬间的用力一定要正确。

解脱方法：对方双手应抓住施技者的右手臂使劲向上向外推的同时收紧下颚，去逃脱对方的控制。

（2）三角绞的应用方法

三角绞是绞技中施技者唯一用双腿进行绞对方颈部的一种技术。它的特点是控制面比较大，对方的脱开逃离的机会小。只有当对方成俯卧爬姿势时，比较适合使用。

①如果对方成俯卧爬姿势时，施技者从对方头部做三角绞

当对方成俯卧爬姿势时，首先，施技者成单膝跪地状态，右腿跪在对方的肩与颈部之间，左脚紧贴在对方的右腋处，骑在对方的头部；施技者的右手从对方的左大臂下方插入，迅速挎拉起对方的左大臂，使对方成侧躺卧状态时，施技者左侧倒地，在倒地的过程中，施技者的双腿自然搭扣，右脚尽量在左脚的腘窝处形成扣；施技者左手控制对方左手臂，右手抓住对方右手的同时双腿全力夹击对方的颈部，迫使对方疼痛难忍认输，形成三角绞技术（图4-2-3①②③④⑤⑥⑦⑧）。

技术要领：右手必须抓握紧对方的右手，右脚必须在左脚膝关节腘窝处形成紧而牢固的十字扣，在这样的状态下对方没有空间去逃跑。

解脱方法：对方应利用起桥的作用，从仰卧姿势翻转成俯卧姿势，然后抓住施技者的腿部从自己的头部滑落，失去应有的威胁力。

图4-2-3①

图4-2-3②

图4-2-3③

图4－2－3④

图4－2－3⑤

图4－2－3⑥

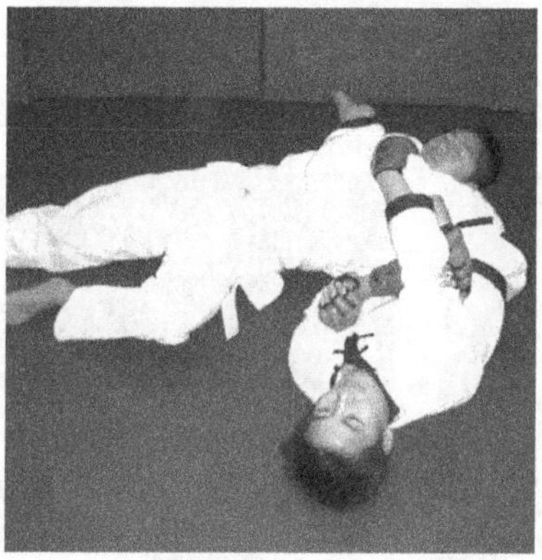

图4－2－3⑦

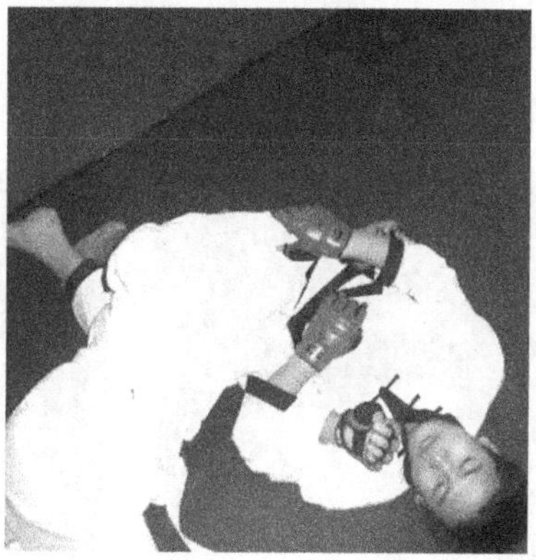

图4－2－3⑧

（3）送襟绞的应用方法

送襟绞是绞技中最常见的技术之一，它是施技者利用对方的衣领绞对方颈动脉的一种技术。对方是俯卧状态时可使用此技术。

①如果对方是俯卧状态时，施技者从对方侧面做送襟绞

当对方成俯卧状态时，首先施技者从对方的右侧跪坐，看准对方的左衣领口，瞬间右手快速抓握对方的左衣领，拇指向内四指朝外；施技者的左手撑在对方的左肩部，上体压住对方的肩背部控制对方，然后施技者成侧仰卧状态，左腿在前与右腿成前后状态；施技者不断地把身体向前快速移动，右手不断地拉紧，施技者的转动大于对方的转动时，对方颈部疼痛难忍，呼吸困难，形成送襟绞技术（图4－2－4①②③④⑤⑥）。

②如果对方是俯卧状态时，施技者从对方背面做送襟绞

当对方成俯卧状态时，施技者骑在对方背上，施技者从上面提拉对方腰带的同时两腿夹住对方的腰部，随即抽出右手迅速从对方的右侧颈部插入，抓住对方的衣领；施技者的左手快速抓对方的左小腿腘窝处，然后施技者顺势向左一个侧滚翻后与对方形成十字形；双手同时向自己怀里拉力，而左腿向前蹬对方的腰部，使之手与腿形成一个拉力，一个阻力，迫使对方颈部疼痛难忍呼吸困难，形成送襟绞（图4－2－5①②③④⑤⑥⑦⑧）。

技术要领：尽可能地抓深抓紧对方的衣领，翻滚后的过程中施技者的两手尽量靠近，最后用力方向要一致集中。

解脱方法：在施技者翻滚的过程中，使劲蹬转自己的大腿，逃脱施技者对腿的控制，然后解脱对颈部的控制，使衣领从自己的颈部滑脱，失去应有的威胁力。

图4-2-4①

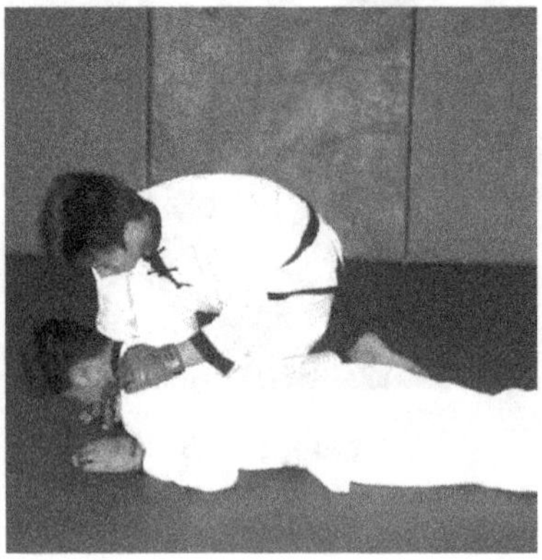
图4-2-4②

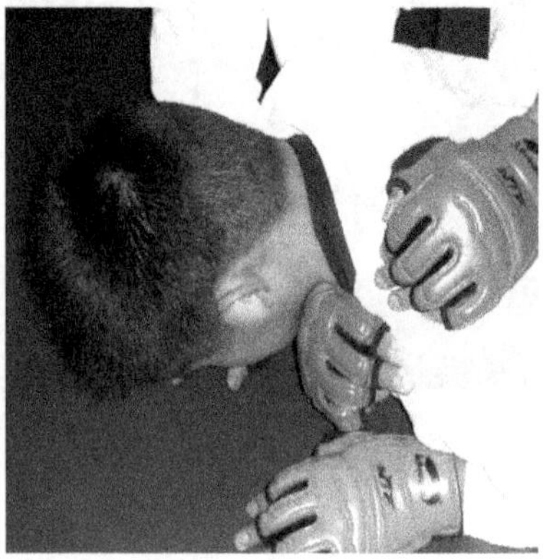
图4-2-4③

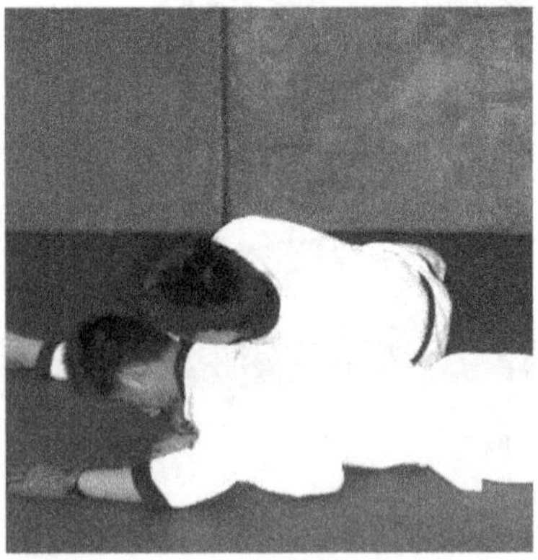
图4-2-4④

图4-2-4⑤

图4-2-4⑥

图4-2-5①

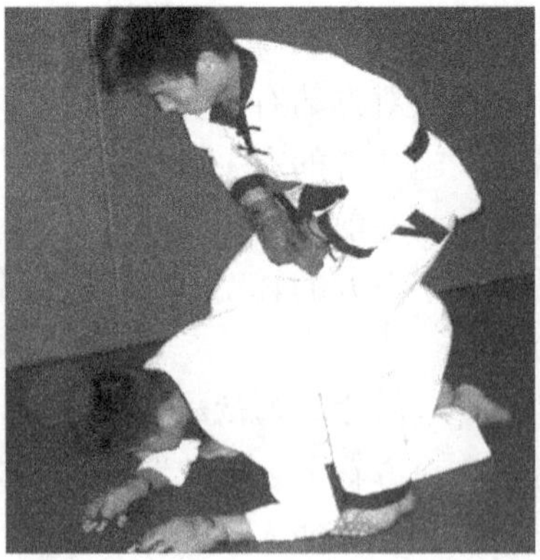
图4-2-5②

图4-2-5③

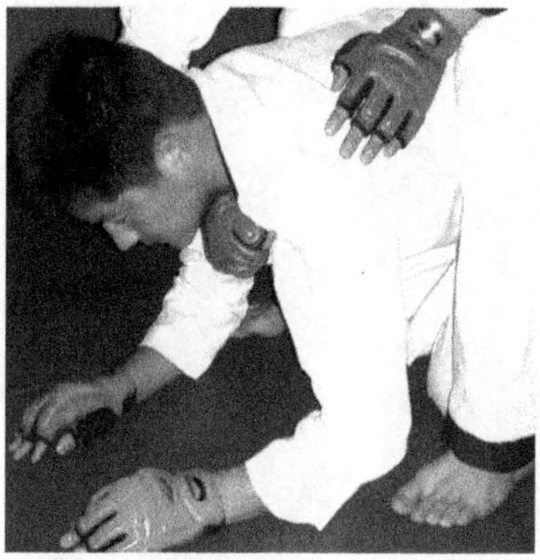

图4－2－5④

图4－2－5⑤

图4－2－5⑥

图4－2－5⑦

图4－2－5⑧

（4）压颈绞的应用方法

压颈绞也是绞技中最常见的技术之一，它是施技者利用对方的衣领和控制对方单臂手后进行绞对方颈部的一种技术。当对方是坐立状态时最好使用。

①如果对方是坐立状态时，施技者从对方背面做压颈绞

当对方成坐立姿势时，施技者单膝跪在对方背面，首先，掌心朝下从对方的右肩颈部伸出右手后直接抓住对方的衣领，拇指朝内，四指朝外；施技者的左手从对方的左大臂下方穿出向上提挎对方的左臂，随即左手直接插入对方的颈部后方，接着施技者成坐立姿势后两腿控制对方的身体；施技者的右手与左手同时向相反的方向用力，迫使对方颈部疼痛难忍呼吸困难，形成压颈绞技术（图4－2－6①②③④⑤⑥⑦）。

图4－2－6①

技术要领：右手抓握要紧，左手尽可能从对方腋部插入去控制对方的左臂，拉紧两臂的距离。

解脱方法：在施技者抓握衣领后，顺方向快速地向施技者怀里移动。

图4-2-6②

图4-2-6③

图4-2-6④

图4-2-6⑤

图4-2-6⑥

图4-2-6⑦

（二）关节技擒拿

1. 关节技的概念

关节技就是施技者通过自己行为有效地控制对方身体的关节（主要控制对方的肘关节、腕关节），使对方关节行使杠杆的作用，迫使对方疼痛难忍，从而达到制服对方的一种技术。

2. 关节技的种类

最实用且常用的关节技大约有以下5种：分别是十字固、腕缄、腋固、腹固和抱压关节。

（1）十字固的应用方法

十字固是关节技中具有代表性和最复杂的技术之一，它是施技者的身体与对手的身体最终形成十字时，掰对方肘关节的一种技术，此技术在对方俯卧状态时使用。

①如果对方成俯卧姿势时，从背部做十字固

当对方成俯卧状态时，首先施技者成半跪状态位于对方的头部位置，右腿跪在对方的左肩部，左脚在对方右腋下位置，施技者双腿要控制对方的头部，其次右手插入对方的左臂，上提迫使对方成半侧卧状态；施技者成半蹲状态，身体向左侧方向改变后与对方成直角状态，右脚始终控制对方的颈部，随之左脚与对方的背部形成90度直角，膝关节顶住对方的腰部控制对方；两腿夹住控制对方的肩关节，成坐躺姿势，注意控制对方的左手拇指成向上状态后，快速躺下的同时完成掰关节，形成十字固技术（图4－2－7①②③④⑤⑥）。

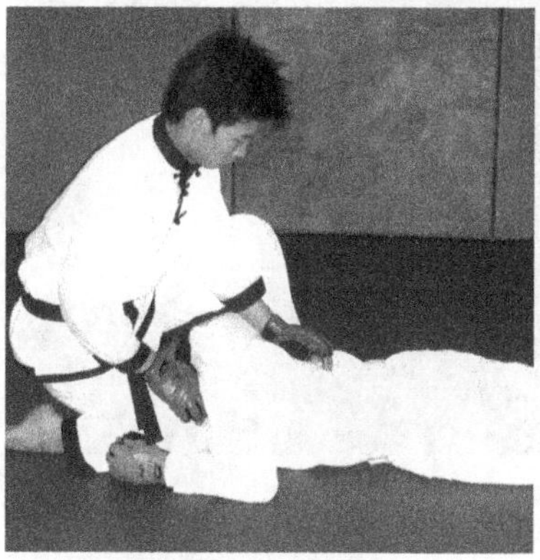

图4－2－7①

图4－2－7②

图4－2－7③

图4－2－7④

图4－2－7⑤

图4－2－7⑥

技术要领：施技者与对方保持形成十字，身体尽量贴近对方，用两膝夹紧对方的右臂，掰关节时施技者左手抓握对方的手腕，保持拇指朝上。

解脱方法：应尽量收紧自己的胳膊使自己的胳膊成弯曲状态，然后右手抓其施技者的踝关节全力向上推开后使自己的身体翻转成俯卧姿势，再抽回自己被控制的手臂。

（2）腕缄的应用方法

腕缄是关节技中比较实用的技术之一，它是施技者利用自己手腕，拜对方腕关节的一种技术。此技术在对方仰卧或者俯卧的状态时均可使用。

①如果对方成仰卧姿势时，施技者从对方的左侧上方做腕缄

当对方仰卧状态时，首先，施技者在对方的左侧跪坐后，用胸腹部从上方压住对方的胸部，控制对方身体，防止对方的身体方向产生变化；施技者用右手抓其对方右手腕关节并迫使对方的手臂弯曲成45度角左右，而左手从对方的肘关节下方穿过抓其自己的右手腕关节；施技者双手形成杠杆的作用，右手向下用力，而左手向上用力，压其对方的肘关节，迫使对方疼痛难忍，形成腕缄（图4－2－8①②③④④附⑤）。

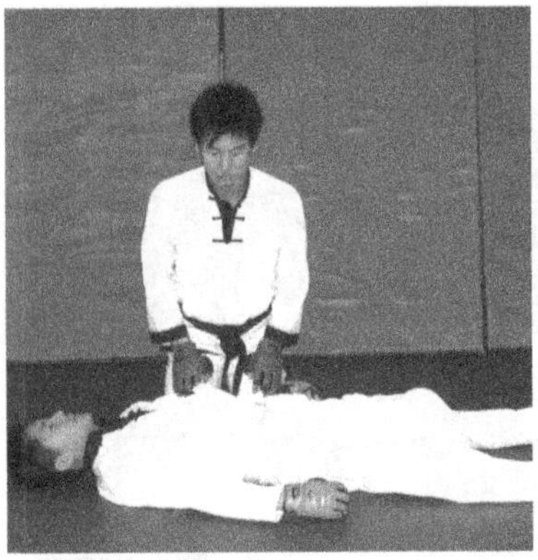
图4-2-8①

图4-2-8②

图4-2-8③

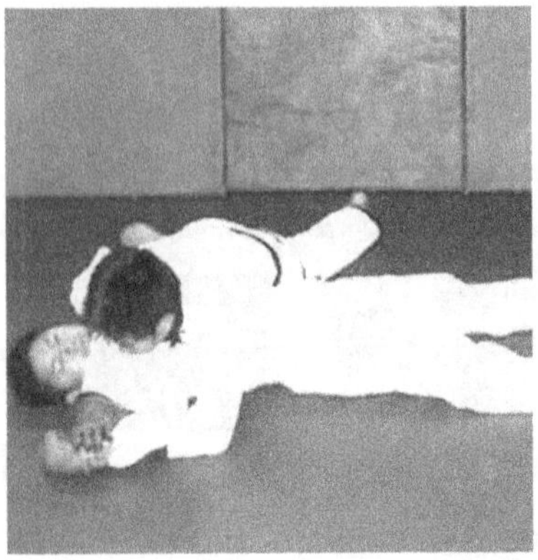
图4-2-8④

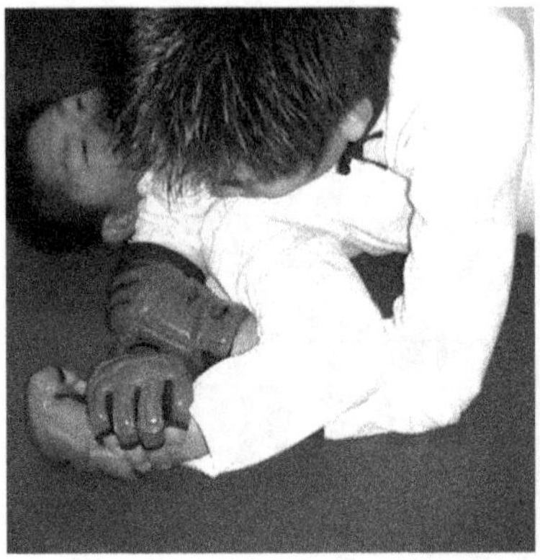
图4-2-8④附

图4-2-8⑤

②如果对方成俯卧姿势时，施技者从对方背面做腕缄

当对方成俯卧姿势时，首先施技者位于对方的头部，右腿跪在对方的左肩部，左腿弯曲在对方的腋下位置，骑在对方的头部，用双腿夹住控制对方的头部，防止对方身体产生变化；右手从对方的左大臂下穿出并挎起对方的左大臂，然后利用左手穿过对方的左大臂，替代右手的位置控制对方，这时施技者的右手抓其对方的手腕并迫使弯曲形成45度角左右；施技者的左手抓住自己的右手腕，施技者的右手向下，左手向上利用杠杆作用，形成腕缄技术（图4-2-9①②③④⑤）。

图4-2-9①

图4-2-9②

图4-2-9③

图4－2－9④

图4－2－9⑤

技术要领：施技者要用自己的胸部全力控制住对方身体，右手抓住对方的右手关节后，沿着地面向怀里拉，防止对方逃脱。

解脱方法：任何技术如果被对方控制以后就很难解脱，只有在技术未形成之前进行有效的防守。

（3）腹固的应用方法

腹固是施技者用双腿将对方的手臂控制住后，小腹用力反压对方肘关节的一种技术，此技术具有效果快，省力的特点。只有对方成俯卧姿势时可以使用。

①如果对方成俯卧姿势时，施技者从对方右侧做腹固

当对方成俯卧跪姿状态时，首先，施技者左腿跪在对方的腰部位置，右腿半蹲在对方的肩颈部位置，右手抓对方的衣领，左手抓对方的腰带，同时向上用力提拉，使对方瞬间离开地面；施技者在对方离开地面的瞬间迅速使自己的右腿从对方的大臂下方穿过并伸直，随即左腿与右腿形成十字扣控制对方的右臂；拉直对方的手臂，施技者将自己的身体全部压在对方的背上，小腹下压对方的肩关节，双腿向上拉对方的小臂，形成杠杆作用，腹固技术形成（图4－2－10①②③④⑤⑥）。

技术要领：施技者一定要控制对方的身体，并将对方手臂拉成伸直状态，掌心向下，手背向上。

解脱方法：对方尽可能地使劲伸出自己的胳膊，使自己的胳膊改变方向，尽可能横着去抱住施技者的大腿，使此技术失去应有的威胁力。

（4）腋固的应用方法

腋固是施技者利用腋部压住对方肩臂部后，拜对方小臂的一种技术。此技术具有防守且效果明显的特点。对方成俯卧时可以使用。

图4－2－10①

图4－2－10②

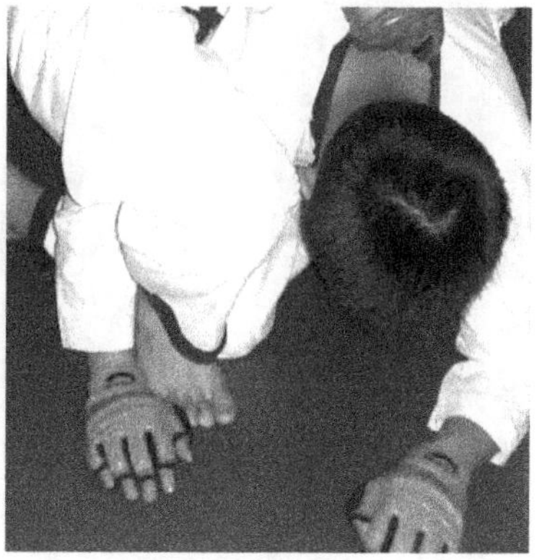

图4－2－10③

图4-2-10④

图4-2-10⑤

图4-2-10⑥

①如果对方成俯卧姿势时，施技者从对方背面做腋固

当对方成俯卧四肢爬姿势时，首先，施技者可以骑在对方的腰部，双手通过提拉对方的腰带后，右手从对方的右侧腋部插入后抓其对方的手腕；施技者迅速转移左腿到对方右侧，用右肩部压住对方的肩部控制对方身体位置的变化；施技者的身体成侧仰卧十字状，右腿在前，左腿在后，施技者的左手抓住对方的手腕同时向上用力拉对方的手臂，形成杠杆作用，最终对方疼痛难忍腋固形成（图4-2-11①②③④⑤⑥）。

图4-2-11①

图4-2-11②

图4-2-11③

图4-2-11④

图4-2-11⑤

图4-2-11⑥

技术要领：抓握手腕后，一定迅速用肩部压住对方的肩部，防止对方身体重心产生变化，为下个环节做好准备。

解脱方法：当施技者抓握手腕时，立刻用自己的肩来保护手臂，身体重心向右侧转移，左手抓握自己的右手，加大力度。

（5）抱压关节的应用方法

抱压关节是关节技术中比较简单且实用的一种技术，它是把对方抱压住后，施技者利用手臂或者腿拜对方肘关节的一种技术。

①如果对方成仰卧姿势时，施技者从对方正面做抱压关节

当对方成仰卧姿势时，首先，施技者左侧躺在对方的上方，左手撑在对方的颈部，右手自然放在自己腿部，眼睛看侧下方；施技者左手从下方穿过夹住对方颈部后，右手抓握对方的左手臂，施技者应左腿在前，右腿在后，对方的左手臂尽量贴紧自己的大腿上方，眼睛看侧下方；施技者抓住对方的左手腕直接向下压拜对方的肘关节或者利用自己的右腿直接向下压对方的手臂（图 4－2－12①②③④⑤⑥）。

图 4－2－12①

图 4－2－12②

图 4－2－12③

图 4－2－12④

图 4－2－12⑤

图 4－2－12⑥

技术要领：一定要把对方的头抬起来，别接触到垫子，施技者的眼睛一定要看斜下方，不要把头抬得较高，影响重心的稳定性。

解脱方法：缩头，用自己的右手、腿推施技者的左大臂，使之解脱对自己的控制。

二、地战反擒拿

反擒拿就是施技者利用对方积极主动去控制的心理和行为，从而达到一种反控制对方的技术方法。

（一）关节技反擒拿的种类

最实用且常用的反擒拿关节技大约有以下4种：分别是反腋固、膝固、腕固、十字固等技术。

（二）反腋固的应用方法

1. 施技者成俯卧姿势时，利用对方的进攻做反腋固

当施技者成俯卧跪姿状态时，对方跪坐在施技者左侧试图伸右手从施技者的右腋下插入进攻时，首先，施技者用右臂夹住对方的右臂；施技者把上体往下潜的同时向左内侧面旋转，从对方的腋下逃脱出，形成躺坐姿势后，右臂一定要夹紧对方的右手臂，左手也需帮助抓其小臂控制对方；施技者两腿分开，右腿在前，左腿在后成前后状态，施技者用头和背部控制住对方的肩背，施技者向下压对方肩部左手向上拜对方的右手臂形成反腋固技术（图4－2－13①②③④⑤⑥⑦⑧）。

图4－2－13①

图4－2－13②

图4－2－13③

图4－2－13④

图4－2－13⑤

图4－2－13⑥

图4－2－13⑦

图4－2－13⑧

技术要领：要用力夹住对方的右臂，手抓住自己的左胸襟，确保对方的手臂必须是掌心向上的状态。

解脱方法：对方尽可能地使自己身体顺着施技者的用力方向走，将会使施技者失去应有的威胁和控制。

2. 膝固的应用方法

膝固是关节技中唯一用膝关节压迫对方肩肘关节的一种技术，它是施技者用膝关节压住对方肩关节后，通过拜对方肘关节使对方疼痛难忍认输的技术。此技术是在施技者成仰卧状态时，对方试图进攻则可以使用膝固的动作。

施技者成仰卧姿势时，利用对方的进攻做膝固

当施技者成仰卧姿势时，首先，对方伸左手试图想进攻施技者的肩部或者胸襟的瞬间，施技者的右手可顺势抓住对方的手臂，左手同时也抓住对方的肩部；施技者同时两腿蹬对方的两大腿根处，使对方的身体远离自己，失去反抗的能力；施技者的身体趋势于成侧仰状态，右脚蹬住对方的大腿根，使对方的右手成伸直状态时，施技者立刻收回自己的右腿，转移压住对方的肩关节处，随即形成膝固技术（图4－2－14①②③④⑤⑥）。

技术要领：重点是控制对方的身体，把对方蹬开，远离自己的身体，对方的右手必须保证成伸直状态并且手掌心向下。

解脱方法：对方应顺着施技者的用力方向，使自己的脚与施技者的头部重合，形成顺的方向，其威胁力减弱，对方再逐渐收回自己被控制的胳膊。

图4－2－14①

图4－2－14②

图4－2－14③

图4-2-14④

图4-2-14⑤

图4-2-14⑥

3. 腕固的应用方法

腕固是关节技中最直接使用的一种技术，它是施技者折对方肘关节的一种技术，此技术在对方成跪坐进攻状态时可使用。

如果对方成跪坐姿势时，施技者利用对方的进攻做腕固

当施技者成仰卧状态时，对方试图伸左手抓施技者的胸襟或者肩部时，施技者的颈部或者左手首先压住对方的手腕，右手可顺势从下面插上压住对方的小臂；施技者用脚蹬在对方的两大腿根处，使对方的身体远离自己，失去反抗的能力；施技者的身体转移成侧仰面，肩部向上抬，右手向下压形成腕固技术（图4-2-15①②③④⑤）。

图4-2-15①

图4-2-15②

图4-2-15③

图4-2-15④

图4-2-15⑤

技术要领：施技者要用自己的肩部或者手控制对方手腕的方向，不然技术达不到应有的威胁力。

解脱方法：在施技者还没有完全被控制的过程中，对方的左手使劲收回抓住自己的另一只手。

4. 十字固的应用方法

如果施技者成仰卧姿势，利用对方的进攻做十字固

当施技者成仰卧姿势，首先，对方从上面伸左手抓握施技者的胸襟来进攻时，施技者可以乘机抓住对方的左手臂，左手抓住对方肩部，施技者的右脚瞪在对方大腿部控制与对方之间的距离；施技者的右脚应从下方转换到对方的颈部进行控制，身体逐渐向左侧移动，与对方保持十字状态，右手依然抓住对方的右臂保持不动，施技者伸双腿使劲向后压对方颈部和胸部，迫使对方成仰卧姿势；施技者两腿夹紧对方的大臂，双手向下掰对方的手臂形成十字固（图4－2－16①②③④⑤⑥⑦⑧⑨）。

技术要领：施技者的双腿夹住控制对方的左臂，掰关节时，保证对方的拇指向上。

解脱方法：收胳膊而用右手推开施技者的右脚对颈部的控制，然后向自己左侧翻转。

图4－2－16①

图4－2－16②

图4－2－16③

图4－2－16④

图4－2－16⑤

图4－2－16⑥

图4-2-16⑦

图4-2-16⑧

图4-2-16⑨

三、地战反击

（一）蹬腿翻身反击

一方跪地左手抓住另一方衣襟，并用右冲拳进攻另一方面部。另一方用左手顺抓住对方右手腕防守，随即右手从对方左手底处抓握对方右边衣领，右腿踩住对方的左髋关节处，手脚同时向左用力，把对方掀翻，顺势骑坐对方并左手压腕、右手用冲拳反击（图4-2-17①②③附③④⑤⑥）。

要求：转身发力要协调，翻转后要快速骑压对方身上并控制对方。

图4-2-17①

图4-2-17②

图4-2-17③

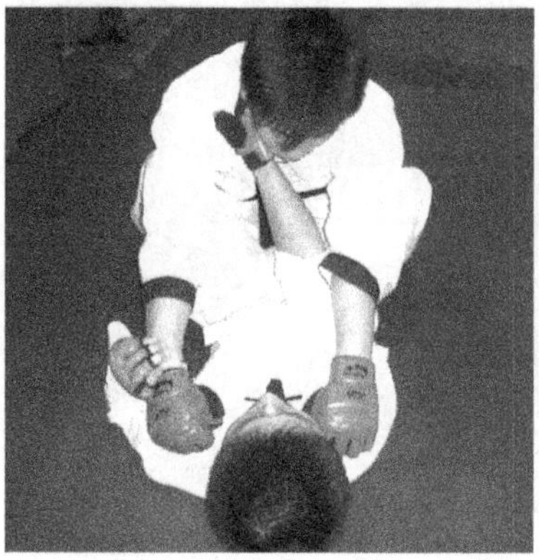

图4-2-17③附

图4－2－17④

图4－2－17⑤

图4－2－17⑥

（二）抓腕卷肘

一方跪地左手抓住另一方衣襟，并用右掼拳进攻其面部。另一方用左手反抓对方右手腕防守，并下拉发力，同时身体向上移动，右手由对方右臂后面缠绕至抓住己方的左腕，双手向上抬起同时身体右转，使对方的右臂成反关节动作（图4－2－18①②③④⑤附⑤）。

要求：抓住对方的右腕不能让其逃脱，要充分利用腰腿的力量配合动作的顺利完成。

图4－2－18①

图4－2－18②

图4－2－18③

图4－2－18④

图4－2－18⑤

图4－2－18⑤附

（三）转身锁脖

一方坐压住另一方，左手抓住其衣襟，用右掼拳进攻红部。另一方用左手反抓对方右手腕防守，随即身体左转并向上移动，同时用右臂由后缠绕对方颈部，并与左手配合卡锁对方的脖子（图4－2－19①②③④附④⑤附⑤）。

要求：双手配合更有力量。

图4－2－19①

图4－2－19②

图4－2－19③

图4－2－19④

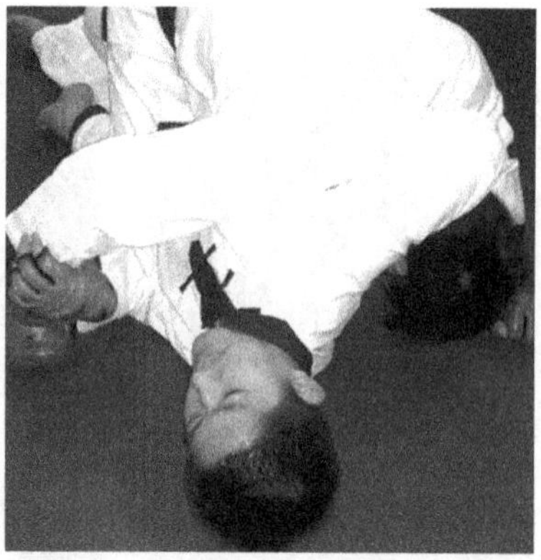

图4－2－19④附

图4－2－19⑤

图4－2－19⑤附

小 结

本章主要讲授了在地躺状态下，常用的地躺移动、翻身以及反击运用的拳法、腿法、肘法、膝法和身体被骑压时的控制与反控制。练习时，不仅要掌握单个技术方法的要领与要求，在达到技法熟练的水平时，地躺移动可在被压的情况下加难度训练，提高技法的实战能力；地躺攻击技法可以原地、可以移动或交叉形式进行打靶训练，提高攻击的实效性和反击能力；同时本章讲授了地躺中擒拿与反擒拿技术的概念。包括绞技和关节技技术，而反擒拿只包括关节技技术，并重点讲述了对方倒地后施技者根据对方出现的不同身体姿势和反应行为时应用绞技和关节技技术方法、步骤，另外在此基础上进一步讲述了各种技术的要领和解脱的一些简单方法。在地战中，可以根据学生的实际水平，逐渐施加内容，但要注意技法的使用，己方必须在移动中创造空间，寻找距离，进行控制。

思考题：

1. 什么叫绞技？常见的绞技有哪几种？
2. 什么叫关节技？常见关节技有哪几种？
3. 试述片羽绞的动作方法？
4. 阐述地躺移动中技法反击、攻击、擒拿与反擒拿的作用和重要性？

第五章　擒拿格斗的教学训练步骤与阶段

第一节　教学步骤

由于擒拿格斗教学的最终目的，是把所掌握的技术动作在实战中得到灵活运用，所以在教学的整个过程中，首先要学会动作，然后要具备抗击打能力，最后要建立正确动作的条件反应。

一、学会动作

通过讲解、示范、模仿、纠正、复习、巩固使学生了解和掌握动作的要领、要点及规格要求，同时教师重点引导学生认真体会动作要领和用力技巧，消除多余动作，帮助学生不断改进动作细节，尽量避免动作的预兆，使动作做得更加协调、完整和准确，并通过反复练习逐步达到动力定型。

二、打击和抗击打能力练习

抗击打练习是通过与实物碰撞或双方相互进行碰撞的训练，增强机体承受外力撞击的能力，如进行靠臂、自我拍打、互相拍打、打沙包、打靶、打桩等练习。只有通过抗击打的练习，练就一身“硬功”，才能保证技战术在实战中得以实施，切莫偷懒。

三、条件反应练习

从学会动作到实战运用，中间必须有建立攻防条件反应的训练过程。众所周知，对抗的对象是人，对方不可能站立不动任人出拳出腿打自己，更何况对手是训练有素的运动员，所以进攻、防守、防守反击等技术必须在一定的时机、距离、角度合适的情况下才能有效实施。而把握好时机、距离、角度是通过条件反应的训练建立的，如果跨越条件训练，学会动作就直接进行实战，就会出现乱踢乱打、毫无章法、伤痕累累的结果。所以，学会动作并有了抗击打能力后，必须进行条件反应练习。如学会了左拍挡动作后，除了进行单个反复练习外，教练员要通过口令、术语、手势等信号，让学生进行快速拍挡防守练习，激发反应速度，建立简单条件反应。在此基础上，组织配对对抗练习，指定一方以拳法进攻，另一方拍挡防守。通过接触实物，反复练习，建立牢固的条件反应，直到有攻有守运用自如，形成动力定型。

条件反应练习，要按照由简到繁、由轻到重、由易到难的顺序进行，同时要让学生了解条件反应训练在整个训练过程中的位置及其重要性，让学生以不怕困难、勇于吃苦的精神扎扎实实地进行训练。因此，在初步建立正确的动力定型之后，为了达到进一步强化和巩固的目的，必须有针对性地进行两人配合练习。配合练习，要根据不同的教学阶段和目的提出不同的条件限制，从单个技术到组合技术、从单一战术到复合战术的运用，包括用力的大小、速度的快慢等一定要适度，一定要符合对方的能力和水平，循序渐进。任何过高或过低的条件限制都不会达到最佳的教学效果。

四、条件实战

在对动作有了一定理解和掌握后，可在一定的条件限制下进行两人的实战练习。条件实战，要根据学生的实际情况和练习的目的选择相应的实战内容。在不同的条件下，培养学生对不同的技术、战术的理解和运用能力，培养对距离、时机、空间的精确感觉和把握能力，培养在散打实战中特有的反应能力和应变能力，进而为完全过渡到实战打下良好的基础。

五、实　战

最后的一步是实战，实战是技术学习的最高阶段，可以不断锤炼对技术动作的把握程度和运用能力，也只有通过实战才能真正检验动作的质量和教学效果。在实战中，教师要引导学生学会自我分析和提高总结的能力，找出自己的不足，不断提高自己的实战技能。

第二节　教学阶段

一、擒拿格斗的教学阶段

根据擒拿格斗运动的规律与特点，我们把擒拿格斗的教学分为以下三个阶段。

（一）学习和掌握基本技法阶段

1. 主要教学内容

（1）步法：进步、退步、上步、撤步、滑步、垫步、环绕步。
（2）拳法：冲拳、掼拳、抄拳、鞭拳。
（3）掌法：推掌、抡掌、掸掌。
（4）腿法：蹬腿、踹腿、横踢腿、勾踢腿、踩腿。
（5）肘法：顶肘、砸肘。
（6）膝法：顶膝、撞膝。
（7）跌法：前倒、后倒、侧倒。
（8）摔法：抱腿前顶、抱腿旋压、夹颈过背、插肩过背、抱腿别腿、抄腿勾踢。
（9）防守方法：拍挡、挂挡、拍压、掩肘、外抄、内抄、外挂、内挂、抄抱、下潜摇身。
（10）其他：观看擒拿格斗教学录相。

2. 教学任务

学会动作，反复练习，发现错误，及时纠正。

3. 教学目的

做单个动作时要规范，发力顺达，达到动力定型；做组合动作时要连贯、协调，明确组合动作的主次之分，以及节奏的处理。

这一阶段教学可以将单一技法与组合技法交叉安排，主要根据学生掌握动作的具体情况而定。

4. 主要练习手段

（1）空击练习

个人按指定内容或个人特点进行练习。要求技法规格、连贯、协调、劲力顺达，达到熟练技法，动力定型。

（2）对镜练习

个人按指定内容和随意内容面对镜子练习。检查技法的规范性和动作的连贯、协调性；进行视觉刺激和适应；树立对面永远有对手。

（二）学习和掌握基本技术阶段

1. 主要教学内容

（1）进攻与防守技术

①配合步法的左右冲拳进攻与拍挡、拍压防守。
②配合步法的左、右掼拳进攻与右、左挂挡防守。
③配合步法的左右斜抄拳的进攻与掩肘防守
④配合步法的组合拳法的进攻与防守。
⑤配合步法的蹬腿进攻与内、外挂防守。
⑥配合步法的踹腿进攻与内、外挂防守。
⑦配合步法的横踢腿进攻与内、外抄抱防守。
⑧配合步法的踩腿进攻与撤步防守。
⑨配合步法的勾踢腿进攻与提腿防守。
⑩配合步法的组合腿法的进攻与防守。
⑪配合步法的肘、膝组合的进攻与防守。

（2）进攻与防反技术

①配合步法的冲拳进攻与下潜防守后的抱腿前顶摔反击。
②配合步法的冲拳进攻与下潜防守后的抱腿旋压摔反击。
③配合步法的掼拳进攻与挂挡防守后的夹颈过背摔反击。
④配合步法的踹腿进攻与抄抱防守后的勾踢摔反击。
⑤配合步法的横踢腿进攻与内外抄抱防守后的别摔反击。
⑥配合步法的拳法进攻与防守后的拳法反击。
⑦配合步法的腿法进攻与防守后的腿法反击。
⑧配合步法的肘、膝进攻与防守后的技法反击。
⑨单一的直线型拳法、腿法进攻与防守后单一的直线型拳法反击。
⑩单一的弧线型拳法、腿法进攻与防守后单一的直线型拳法反击。
⑪单一的直线型拳法、腿法进攻与防守后单一的直线型腿法的反击。

⑫单一的直线型、弧线型拳法、腿法进攻与防守后单一的直线型、弧线型拳法反击。
⑬单一的直线型、弧线型拳法、腿法进攻与防守后单一的直线型、弧线型腿法反击。
⑭组合的直线型拳法、腿法进攻与防守后直线型拳法组合反击。
⑮组合的弧线型拳法、腿法进攻与防守后直线型拳法组合反击。
⑯组合的直线型拳法、腿法进攻与防守后直线型腿法组合反击。
⑰组合的直线型、弧线型拳法、腿法进攻与防守后直线型、弧线型拳法组合反击。
⑱组合的直线型、弧线型拳法、腿法进攻与防守后直线型、弧线型腿法组合反击。
⑲组合的直线型、弧线型拳法、腿法进攻与防守后直线型、弧线型拳法、腿法组合的反击。
⑳拳、腿组合的进攻与防守后拳、腿、摔组合的反击。
㉑肘、膝组合的进攻与防守后拳、腿、摔组合的反击。
㉒地躺解脱。
㉓地躺擒拿。
㉔地躺反击。
㉕从规定的到随意的进攻与防守。

（3）阻击技术。

①拳法组合的进攻与踹腿阻击加摔法的反击。
②腿法组合的进攻与踹腿阻击加摔法的反击。

（4）其　他

观看擒拿格斗教学录相；学习擒拿格斗比赛规则。

2. 教学任务

在完成第一阶段的教学任务基础上，学习掌握单一组合的进攻打法、防守反击打法和阻击打法，培养思维能力。根据擒拿格斗运动的力学规律及学生本人的特点编排和组合练习动作。

3. 教学目的

通过各种技术练习，建立动作条件反应，以及时间感和空间感，把握好技术运用的时机。

4. 主要练习手段

（1）反应练习

①信号练习：按口令、手势、肢体语言指挥学生练习。初步建立信号反应。

②喂招练习：给予不同靶位和防守，让学生及时做出进攻反应技法（拳腿摔）。通过与身体的接触，体验和建立进攻时机、距离、角度的进攻信号反应以及技法的运用。

③递招练习：给予不同的进攻方法，让学生及时做出防守和防守反击的反应技法。通过与身体的接触，体验和建立进攻时机、距离、角度的防守、防守反击的信号反应。

（2）打靶练习

一方按指定技法打击目标的练习。进攻靶、反击靶、防守反击靶，可以互动练习。重点：反应及时，打击准确，节奏分明，重击饱满。

（3）隔空练习（非接触配对空击练习）

配对双方在身体不接触的情况下进行的练习。注重学生技法与战术配合的意想训练，体验控制与反控制的较量，培养分析与解决问题的意识。

(4) 攻防练习

确定攻防双方，指定不同技法进行练习。建立相互制约的攻防时机、距离和角度，培养攻防意识和能力，达到随心所欲。练习时，注意由单个技法逐步过度到综合技法。

(5) 打沙包

利用沙包作为击打目标的练习。目的是加强打击和抗打击力度，同时是增强体能、提高技术水平的途径。

(三) 条件实战和全面实战阶段

1. 主要教学内容

(1) 一方用拳法和腿法与另一方用拳法和摔法的站立与地躺结合条件实战。
(2) 一方用拳法和摔法与另一方用拳、腿、摔的站立与地躺结合条件实战。
(3) 一方用腿法和摔法与另一方用拳、腿、摔的站立与地躺结合条件实战。
(4) 一方只用拳法与另一方只用拳法或摔法的站立与地躺结合条件实战。
(5) 一方只用腿法与另一方只用拳法或摔法的站立与地躺结合条件实战。
(6) 一方用拳、腿组合与另一方用阻击踹腿加摔的站立与地躺结合条件实战。
(7) 一方用拳、腿、摔的组合打法与另一方阻击踹腿加摔的站立与地躺结合条件实战。
(8) 在规则允许下的全面实战。
(9) 其他：观看比赛录像；观察比赛中技、战术配合的运用。

2. 教学任务

了解和掌握技战术打法的运用，建立战术打法的思维意识，以及临场应变能力。培养学生互帮互助和顽强拼搏的精神。

3. 教学目的

建立稳固的条件反应和动力定型；能够针对不同的对手，在战术指导下运用各种技术打法；能够沉着、冷静、勇敢、果断、充满自信地对待实战；具有分析问题和解决问题的能力。

(1) 设想练习：通过个人的心理活动，实施技法与战术配合的练习。教师在不同的教学训练阶段对学生实施的心理影响，培养学生的思维意识，建立独立处理问题、初步设立作战方案和随机应变的能力。

(2) 条件实战：按照一定的限制进行的对抗练习。是技术方法走向实战的必经之路和中间环节，是不同技术打法、不同技术类型和针对不同技术打法、不同技术类型、不同身体类型进行不同方式、方法进行应对的练习平台，是建立和形成不同作战方案的储备库。

(3) 模拟练习：指定某学生模拟对手的技术打法和身体类型，配合参赛队员的练习。需要作出奉献，保证竞训目标的完成。另陪练学生在模仿中也在不断地进步。

(4) 实战：按照一定的规则进行的对抗练习。通过技法运用和战术配合的对抗练习过程，验证前期训练成果，进而总结和发现优势和不足，为制订下一步教学训练内容提供依据，同时为参加竞赛积累经验。

小 结

本章重点阐述了擒拿格斗在教学训练中按照对抗项目的规律、科学安排全程教育的线路。全程需要一步一步地走，每步要踏实，不能跑、不能跨越，即不能跨阶段学习。从单一技法到组合技法，从技法到技术，从技术到条件实战直至全面实战。违背了这一规律将会损害学生的健康，甚至造成运动损伤。因此，教练员要根据学生的具体情况科学、合理、细致地安排教学进度。在实践教学中，需要教练员耐心、热心地调控训练，一定要循序渐进，不能操之过急。

思考题：

1. 简述技法、技术、条件实战、实战的区别与联系。
2. 规则允许的方法，禁用的方法，禁击的部位？
3. 如何进行击打能力的训练？
4. 如何进行抗击打能力的训练？
5. 如何掌握双方的距离感？如何寻找战机？
6. 如何调控站立与地躺实战转换？

第六章　擒拿格斗的战术运用

第一节　擒拿格斗战术概述

在古今中外的军事史上战术是一项战胜对手有力武器。自古以来，兵家均以谋为本。明代刘伯温《百战奇略》中说："用兵之道，以计为首。""不计而进，不谋而战，必为敌败。"从我国的《孙子兵法》到普鲁士的《战争论》的军事著作中都体现了不朽的战术思想，擒拿格斗虽不能与军事行动相提并论，但从军事兵法中学习战术战略将是明智的选择，因此对抗性项目要求运动员不仅要有运动技能，还应具备一定的文化素质来提高自身的战术能力，况且战术已经成为竞技体育对抗性项目训练构架中的重要组成部分。

所谓的擒拿格斗战术就是根据对抗双方的各种具体实际情况，正确地分配体能，扬长避短，抑长制短，为战胜对手而采取合理有效的对抗策略。

战术的形成与运用是建立在技能、体能、心理素质基础之上的。运动员如果掌握的技术越全面、熟练、准确、实用和身体素质过硬以及心理素质稳定，那么战术的形成和运用会越有保障。

当前，随着运动员竞技能力的日趋接近，在对抗双方旗鼓相当、势均力敌的情况下，正确地运用战术、减少体力消耗和无效行动，对战胜对方具有很重要的意义。而对抗双方都为了争取主动，总是一方面力图发挥自己的特长，尽量弥补自己的弱点；另一方面又要尽力限制对方特长的发挥，对抗双方始终在发挥与反发挥、制约与反制约的剧烈斗争中相互转换，而这些意图的实现都是通过合理有效的战术来完成的。因此，战术的如何运用对最终战胜对手起着至关重要的作用。

战术的作用就在于把运动员已经具备的技能、体能、心理素质训练成果，在对抗中最优化地进行综合利用。正确地运用战术，可以使运动员的各方面素质在对抗中得到最好的发挥，造成对自身有利的形势，牢牢控制主动权，达到"制人而不制于人"的目的。而正确的战术运用源于良好的战术意识；良好的战术意识要通过对抗中对行动的预见性、判断的准确性、攻防的主动性、技术的目的性、动作的隐蔽性、配合的一致性及战术的灵活性等方面的突出表现来形成。因此，在对抗中采取合理有效的战术赢得对手，培养良好的战术意识是战术训练的重要环节。

第二节　擒拿格斗战术的设计原则

战术原则是制订战术计划和实施战术方案所要遵循的一般原则。战术是一种思维上的修养，要依靠平时有关战术方面的理论学习，尤其是中国古代兵法思想，像《孙子兵法》对擒拿格斗战术的运用有着积极指导作用。战术的实施就是要求以巧妙的攻击、以最小的代价取得最漂亮的战果，这就是运用战术的根本意义。

一、按擒拿格斗动作功能的原理设计战术

擒拿格斗的每一技术动作，都有其不同的作用和功能，在对抗踢、打、摔、拿中，有的用于进攻，有的用于防守，有的是能攻能守，有的是防中带攻。要实现这些技术动作的功能，就必须依靠战术来完成，而表达不同的战术意图需要通过运用一定的动作来实现，不同的动作组成方案，完成不同的战术战略。因此，按擒拿格斗动作功能设计战术能合理地、有效地充分发挥动作本身的最大效果。

充分发挥技术动作的功能和作用，就必须了解和掌握技术动作之间的关系，如上与下、长与短、进与退、攻与守、近与远等相互矛盾、相互制约和相互转化的规律，然后根据不同技术动作的不同功能制订不同的战术方案。这样，按照不同的动作功能设计制订的战术方案，才能更合理有效地发挥技术的运用。

二、按攻防兼备的原理设计战术

在实战对抗中，运动员要讲究攻防兼备，而不能只是一味地进攻或防守，就不考虑对抗形势与双方的实力水平，结果会导致攻防失调、顾此失彼。一般来讲，对手实力强时，应加强防守，防中有攻；对手实力弱时，应积极进攻，攻中有防；双方水平相当时，应攻防兼备，做到进攻有序，防守稳妥。因此，战术的设计要遵循攻防兼备的原则，在瞬息万变的激烈对抗中取得胜利。但攻防兼备战术不是绝对的、一成不变的，要根据对抗中具体情况灵活运用。

三、按“致人而不致于人”的原理设计战术

所谓的“致人”是控制对手；“不致于人”就是不被对手控制。也就是，在对抗中要掌握比赛主动权。这是擒拿格斗中一条非常重要的战术设计和战术运用原理。

在对抗中，某些运动员比赛结束后说“在比赛中动作用不出来，总是被对手牵着走。”产生这种现象的原因，可归结为被对手控制了节奏，也就是被对手采用了“致人”战术。

《孙子兵法》中说“善攻者，敌不知其所守；善守者，敌不知其所攻。”说明了不是进攻才是主动，防守就是被动，而是无论是进攻还是防守都应有主被动之分，关键是看谁是场上的主动权掌握者，谁能控制对手谁就占有主动权。

例如，在比赛中要看准机会，迅速做出致对手于倒地的技术是不容易的，但是，对对手发起进攻的同时及时做出反应，使对手的进攻动作落空是可以做到的，那么，在对手的进攻动作落空时，就是我方取胜的最佳时机，这就是“致人而不致于人”的战术思维。

四、按灵活多变的原理设计战术

擒拿格斗的任何战术都不是万能的，一旦采用固定不变的战术，就会被对手发现，从而会使自己陷入被动的困境，因此，在一场对抗比赛中，要同时设计几种战术方案，最大限度地利用设计的各战术之间的联系和相互转换，针对比赛中的具体情况运用不同的战术，有时甚至要在比赛中临时调整战术，积极利用竞赛规则为自己提供战术的活动空间，注重战术与战术之间的相互制约关系，灵活多变地运用战术，尽可能地使自己的技术发挥到极点。

五、按知己知彼、因敌制宜的原理设计战术

《孙子·谋攻》篇中说："知己知彼，百战不殆。"这是古代行军作战制订方案的先决条件。擒拿格斗和作战一样，要能在比赛前了解和掌握对手的实际情况是赢取比赛的关键所在。因此，在比赛前观看对手的录像或现场比赛情况，掌握其技术特长和弱点，从而得到第一手材料，这是知彼。其次是正确地估量自己的长处和短处，这是知己。尔后针对对手和自己的具体情况进行分析，制订战术方案，使自己立于不败之地。事实证明，谁能及时正确地掌握对手的技术特点和战术特点，谁就能在比赛中采用有针对性的有效攻击措施。

在知己知彼的基础上，还应做到因敌制宜。擒拿格斗是智与力的对抗，选手不但要做好赛前对对手情况的观察和分析，还要有较强的比赛中因敌制宜的能力。在比赛中要根据对手的实际情况，来决定事先制订的战术是否合理，否则，就改变原战术计划，采用新的技战术。因敌制宜要求运动员有灵活机动的措施，对不同类型的选手采用不同的技术方法。

设计此战术要从对手的实际状况出发，如对手的技术状况、攻防类型、动态类型、身体素质、心理素质等方面进行分析，并结合自身的状况，制订出能抑制对手，适合自己的取胜战术。

第三节　擒拿格斗的战术形式

擒拿格斗在对抗中要运用有智谋的打法，要求运动员在实战中运用大脑和思维拟定一套适合自己技术特点能战胜对手的有效战术。好的技术运用可以在对抗中瞬间控制对手，这就要求运动员洞察对手的行动和意图，或者引诱对手先发动进攻，然后乘机还击，或者进行躲闪、阻挡，尔后做出快速的反击。总之，应先发现对手的行动计划，然后迅速采取有效的行动，使对手无法在对抗中实现自己的战术意图进行攻击，而落入我方的战术策略中。

战术对擒拿格斗对抗胜负具有决定性作用，战术的实现必须以技术为基础，在对抗中战术通过各种形式表现出来。

一、压制型战术

压制型进攻也就是强攻硬打，即在对抗开始后采用猛烈进攻，并密集地发招击打对方，使对手忙于防守，疲于招架，消耗对手大量体力，在最短时间内取得胜利或掌握全场主动权。

压制型进攻是一种先发制人、以快打慢的主动进攻，是有计划有准备的战术行动，不是盲目蛮干，而是通过强攻硬打这一手段，扬己之长，实现打击对方的目的。使用这种战术者应具备较强的体力和耐力。对抗开始时就先使用技术，猛烈而连续不断地攻击对手，乘对手还没有注意而出其不意，攻其不备，使对手无法进行有效的防御和反击，很快败下阵来。如一上来就先用踢、打、拿、摔等直攻动作，使对手手忙脚乱，顾此失彼，一个技术用不成功，紧接着用第二个、第三个。当然每个技术动作都应有其意图，不是盲目进攻。

这种战术的优点是直接控制主动权，迫使对手处于被动状态，没有反击的机会，从而造成对手精神紧张。一般运用此战术要在了解对手实力或在对抗刚开始接触时判断对手的技术、体能、经验等方面不如自己，有获胜的把握，这时使用压制型猛攻，以在短时间内取得绝对胜利；若对手的实战经验不足，压制型的进攻会使他得不到思考和组织有效的反击；若对手技战术水平都不错，而体

力比自己差时，可以猛攻，让对手没有休息及缓和的机会，从而使他一直处于被动，达到消耗其体力最终胜利的目的。

二、引诱型战术

引诱型进攻战术是充分发挥假动作的虚晃，把对手引入歧途造成错觉，再使用真实的攻击。随着技术水平的普遍提高，特别是对付动作反应快、防范能力强的对手时，直接来攻击对手，往往是比较困难的，因此，经验丰富的选手常常采用虚晃、指上打下、指下打上、声东击西等假动作，即在做真动作之前先用假动作来转移、分散对手的注意力，造成对手错觉，再乘机攻击其防守的空当部位，以取得出奇制胜的效果。例如，有时为了引诱对手“上当”，可以有意露出自己的空当，给对手产生进攻的错觉，等对手进攻时进行反击。

一般来说，在使用此战术时，自己的技术水平要高于对手，自身的动作要比对手快，否则不易成功，或者是在对手的技术不全面、方法变化少、战术单调的情况下可以使用此战术。

三、顺势型战术

“有力当中上，无力走两旁”是顺势型战术的内涵，即借助对手的进攻动作，采用敌进我退、敌退我追、以柔克刚、顺手牵羊、直来斜取的战略，利用步法和身法的移动来攻击对手。在使用此战术时，要注意移动的方向、角度、距离和进攻的时机，同时要注意步法和身法的灵活性和突变性。例如，对方气势猛烈，抓住我方把位时用力扣紧，用下肢绊摔时，我方如用力硬顶，就会容易被对方摔倒，而我方若在被套住之时将自己的身体松软下来，对手就失去用力点，无法完成后续进攻动作，反会感到因我方的顺势松软而慌乱，此时我方再使用顺着对方用力方向的反击动作，必能起到较好的攻击效果。

这种战术的使用要求运动员胆量大，技术精湛，否则不易掌握时机，反为对手利用，若能使用得当能取得较大威胁攻击。

四、稳重型战术

稳重型战术要求我方在进攻之前先做好基本姿势，严阵以待，试探观察对手，找出对手的弱点，创造战机，再发动进攻。使用此战术是在对手实力比较强、技术好时，对付这样的选手要使用智谋和勇敢精神来取胜。

稳重型战术要求我方开始时不要和对手纠缠，不要让对手抓住或击打到，采用避其锋芒、挫其锐气，使对手无可奈何，使其产生急躁情绪，盲目进攻，在对手体力消耗较大，动作失准时要抓住时机，实施进攻反击。使用稳重型战术也会使一些意志不顽强的选手产生进攻几次不成功后丧失进攻信心，使用技术时犹豫不决，这时要抓住战机，有目的有组织地进行反击，会取得意想不到的效果。

采用稳重型战术，要求选手有较强的稳定心理素质和勇气，并能够熟练运用技术，才能赢得最后的胜利。

五、制长型战术

制长型战术就是采用预先制订的方法克制对手的长处，使其技术专长在对抗中不能正常发挥。每位运动员都有自身擅长的技术打法，也就是所谓的绝招，也是主要得分手段和制胜的有力技术。如果能在对抗前了解对手的技术特长并有针对性地进行克制方法训练，那么使对手在对抗中不能发挥其特长，从而受制于我方处于被动状态。

使用此战术的前提是要先了解对手的技术长处，尔后制订对策，随后在对抗中实施。技术之间都有相互制约的方法，重点在于我方所采用的制长技术是否合理实用。

六、制短型战术

制短型战术就是专门使用克制对手短处的方法，在对抗中集中力量进攻对手的薄弱环节，制其所短。每位运动员都有自己的技术长处和短处，找出对手的短处是制短型战术的关键所在。采用制短型战术要在对抗前通过对手现场比赛或比赛录像观看调查，综合其各种技术特点进行分析，发现其弱点。除了对抗前了解，在对抗中侦察更为重要，通过试探性的进攻，对对手的弱点做出迅速判断，及时调整自己的战术手段，攻击对手的弱点。

制长型和制短型是相互配合使用的战术，也就是制其所长，攻其所短。此两种战术关键所在都是在于事前要了解和掌握对手的长处和短处，知己知彼，百战不殆。

七、突袭型战术

突袭型战术就是在对手没有防备的情况下出其不意进行攻击。在对抗中要留心观察对手的习惯动作和防备意识，利用对手的习惯动作进行攻击，或者在对手没有防备的情况下进行攻击，可取得突袭的效果。例如，在一个回合的较量后，在裁判员没有发出“停”的口令时，双方都会停止对抗自然分开，然后准备下一个回合的较量，而在此时抓住机会，突然发动进攻，出其不意、攻其不备，打他个措手不及，可达到突袭的效果。在对抗中要不断观察对手的空当，然后采取具体的突袭战术行动方案，平时要加强突袭战术的练习，以便掌握突袭战术所必备的技术和身体素质。

八、绝招型战术

绝招型战术就是充分发挥自己的技术特长，以确有把握的绝招作为最后进攻取胜的方法。这种战术要求使用者技术上的特长确有独到之处，真正成为绝招，绝招的作用有两点：一是直接使用，即直接进攻，如抓住或制造战机，直接用绝招攻击对手；二是起到震慑作用，在对手了解自己有某一绝招时，他就会时刻提防我方的绝招，而不敢轻易出动作，恐怕露出破绽，结果他就会处于紧张被动状态，此时我方再使用其他动作往往都能奏效，达到绝招震慑取胜的作用。

绝招进攻主要采用主动创造使用特长的条件，待到机会成熟就用绝招。或是再处于被动状态，暂时的退却、防守，创造条件，等待机会，一旦时机来临，再用绝招。要求使用者除了绝招的成功率要十拿九稳以外，还要对对手的防守和反攻有相应的应付办法，每一环节，在对手的不同防守和反攻上都能随机应变、因势利导，即在使用绝招的前后对抗中要有一套方法来对付对手的防守和反攻战术，从而使对手防不胜防。

第四节　擒拿格斗战术训练的特点与方法

战术训练是擒拿格斗运动训练中的重要内容之一。运动员在比赛中要根据比赛环境和对手的实际情况，有针对性地制定比赛计划，明确战术设计原则、战术训练手段和方法，作为运动员参加比赛的行动依据。运动员掌握战术具有双重意义：一方面，即使在艰苦的条件下也要实现战术计划；另一方面，比赛时出现意想不到的情况，能独立地、创造性地修订比赛计划。假如运动员不懂得战术，这两方面的任务是难以完成的。让运动员掌握战术的基本方法是训练。擒拿格斗战术训练是一个非常复杂的过程，它有着自身的特点与方法。

一、擒拿格斗战术训练的特点

（一）技术是构成战术训练的基础

擒拿格斗战术的实现不仅有一定的战术意识支配，而且要求技术和战术之间合理地配合运用。擒拿格斗战术依赖于一定数量和质量的技术，没有技术就没有战术，战术是技术表现的组织形式。因此，运动员要不断提高、完善和更新技术。因为技术是运动员进行比赛的手段，运动员掌握的技术愈全面、熟练、准确、实用，战术的实现就愈有保证。就战术本身而言，也是技术动作使用的指导方法，需要通过运动员在一定的时机、地点、条件下运用，才能构成战术。所以技术是战术的基础。

（二）技战术配合是战术训练的重点

擒拿格斗战术所表现出的特征要求战术教学中必须切实地抓好技战术配合的学习和磨炼，以达到炉火纯青的程度。由于构成技战术配合有一定的模式，并且对每一环节都有具体的要求，所以在教学中就应紧紧抓住这些，使学生能够理解技术运用的战术含义，并且在具体行动中自觉地执行。如压制型战术从形式上看比较简单，就是运用技术进行强打硬攻，但对技术要求较高，稍有失误，战术就会失败。这样的技战术配合只有在平时的教学中反复练习，并根据内容提出要求，才可能真正掌握，才能够在比赛中运用得准确、及时、合理，才可能根据场上的情况使战术的变化更加丰富多彩，使整体战术水平得以提高。

（三）战术意识的培养是战术训练的重要环节

战术意识的培养和提高，是擒拿格斗战术训练中的一个难题。战术意识是运动员在比赛中实施战术行动时的一种思维活动、智力活动，它表现为对比赛的客观现实快速、准确地做出判断、分析，并有效地实施自己战术行动方案的能力。因此，战术意识的培养和提高需要采取多种形式和方法，要从点点滴滴做起，以及在进行技战术配合时的具体要求，逐步培养提高学生对各种情况的观察、分析、判断和决策能力。战术意识的培养需要一个长期的过程，在平时的训练实践中要主动地利用各种机会因势利导，培养运动员的战术思维能力和正确的思维方法，使战术意识达到一定的水平，使战术厚积而薄发。

（四）理论知识学习指导战术训练

运动员对擒拿格斗战术的学习和理解仅靠实践课是不够的。要能够使运动员懂得“所以然”，并使其成为指导自己的战术行动，运动员平时系统地学习战术知识，进一步掌握战术设计原则和各种战术运用的形式、时机和训练方法，结合重大比赛中的典型战例，通过各种现代化电教手段来进行战术分析，建立正确的战术概念和意识，运动员能直接感觉自身和对手存在的问题和错误，这是战术理论的主要任务。只要把理论课和实践课有机地结合起来，使运动员通过战术理论课的学习更加明确擒拿格斗战术的各项内容、原则、要求，再加之的理解消化和独立思考，才有可能在实践课中有目的、有意识、自觉地按照战术的要求去行动，达到事半功倍的训练效果。

二、擒拿格斗战术训练的方法

战术训练的目的是培养运动员解决战术任务的能力，使运动员在比赛中的战术活动更加合理化。战术训练从易到难、由浅入深地逐步要求，分步训练。

（一）战例分析训练，培养战术意识

具体做法是从比赛录像中选择一些反映战术特点和应用战术较典型的片段，组织运动员观看。典型片段可选择战术运用好的，也可是一些战术运用差的，借助录像的直观性，激发运动员的战术综合分析能力，研究典型片段中战术运用的特点和问题，提高运动员制定战术方案和在训练中贯彻实施的能力。

观看典型片段，可以丰富战术感性认识，让一些战术印象在运动员的头脑中留下深刻的印象，构成粗浅的战术意识，为日后学习建立基础。为保证头脑中首次印象的质量，在观看时应给予指导，让运动员每次观看比赛之后，都应在获得的战术现象基础上，讲一些战术知识，及时把感性认识上升到理性认识，使粗浅的战术意识进一步深化，同时教育运动员重视战术。

用比赛中的具体例子说明战术意识受运动员的性格气质、意志、情感及心理情绪因素影响。战术意识是动态的、多方面的。运动员需要有积极、顽强、勇猛的战术意识。

（二）分解战术训练，提高战术知识

一种战术形式一般由几个技术动作组成，或者一场比赛战术方案由几种战术形式组成。为了使每个技术动作和战术形式都能掌握得牢固、扎实，可先分解进行训练，有一定的质量后，再进行完整的战术形式和方案训练。例如，要运用制长型和制短型战术，此两者是相辅相成的配合战术，那么就要选择其中一种战术形式先练习，等掌握了两种战术形式后，再结合两种战术形式训练，最后达到完成练习、掌握正确的战术节奏。要熟练掌握各种战术形式，就要提高战术知识。

擒拿格斗的比赛规程和规则是擒拿格斗战术的基础知识，战术知识是擒拿格斗战术运用理论基础。每次训练和比赛后，都应进行战术教育，把战术观点和战术功能渗透进去。无论怎么做，都应把理论和实践相结合起来。

（三）假设性战术训练，发展战术技巧

设想对手各种不同的打法，身临其境地假设性运用各种相应的战术打法。根据假设的条件进行分析，制订不同的战术形式，以体能、技术、心理、综合等方面的战术形式运用。如假设对方采用“主动抢攻”，我方即运用相应的“反击战术”而破之。这种练习可以是一个战术形式反复练习，

也可以是多种战术形式结合练习；可以单法练习，也可以配套练习。如先用“顺势型战术”，接着用“压制型战术”；或者先用“引诱型战术”，再用“绝招型战术”。总之，可以设想各种情况进行假想和练习，这种想练结合的方法，主要是培养战术技巧，掌握各种战术形式的具体用法。

（四）实战练习，培养战术能力

战术能力是运动员根据比赛条件，为完成个人和集体的战术任务运用体能、心理素质、动作技巧和战术技巧等能力。战术能力是以智力为统领的综合能力。在一次战术行动中，战术能力可分为：战术性观察分析能力、思想上解决战术任务能力、行动上解决战术任务的能力。

实战练习的条件和环境要按照竞赛规则的要求，训练和培养运动员运用战术的能力，丰富临场比赛经验，并根据比赛需要，安排特定条件的对抗实战。“既得技，比试敌”，实战练习是训练和检验战术运用效果的唯一手段，应及时进行总结，养成研讨的良好习惯，培养战术能力，另外还要提高战术意识，以及培养捕捉战机的能力和运用战术的积极性。

小　结

运动员在掌握了一定的擒拿格斗技术后，就要参与擒拿格斗实战和比赛，这时就需要运动员具备一定的战术思想和战术技能，包括教练员也要从如何设计运动员战术方案学习战术设计原则。本章首先介绍擒拿格斗战术概念和设计原则，随后提出了擒拿格斗战术的形式和特点及方法。

思考题：

1. 试述擒拿格斗战术的含义及设计战术的原则？
2. 结合实例谈谈绝招型战术的运用方法？
3. 试述战术的特点和训练方法？
4. 学完本章后，你认为一名优秀教练员对运动员的战术设计应注意哪些方面？

第七章　擒拿格斗的体能训练

第一节　擒拿格斗体能训练概述

擒拿格斗运动员的体能是指运动员机体的运动能力，是擒拿格斗运动员竞技能力的重要组成部分。

这种运动能力是支撑运动员在比赛中发挥技能作用的基础系统。没有体能的支撑，运动员的擒拿格斗技能就无法形成。运动员体能的发展水平是由其身体形态、身体机能和运动素质这三部分的发展状况所决定的。在运动实践中，身体形态、身体机能的好坏，最终通过运动素质表现出来。运动素质是指机体在活动时所表现出来的各种基本运动能力，通常包括力量、耐力、速度、柔韧、抗击打力和灵敏等。构成体能的三个因素都有各自相对独立的作用，又密切联系。彼此制约、相互影响，其中每一个因素的水平，都会影响着体能整体水平。运动素质是体能的外在表现，因此擒拿格斗运动员的体能训练以发展各种运动素质为基本内容。

既然体能支撑擒拿格斗运动员技能训练的发展，并直接为专项技能服务，最终通过专项技能表现出来，那么，擒拿格斗运动员体能训练，就必须了解擒拿格斗运动员的体能需求的专项特点。只有了解擒拿格斗运动的体能需求特点，才能克服体能训练的盲目性，有的放矢地安排训练内容，采取符合实际的训练方法与手段。

擒拿格斗的制胜理念是控制和制服，运动员在实战对抗过程中，延续了传统武术技击“一定要战胜对手”的思想源点。擒拿格斗的格斗形式是立战和地战，包含拳、腿、摔、拿的技法，其中地战技法的拳脚击打和地战控制、窒息、臂肩部反关节和腿部反关节的控制、要害部位的反擒拿，技法巧妙、灵活，系统性极强。

由于技术的多样化，在比赛的过程中，擒拿格斗运动员对体能的要求极高。因此在体能训练的过程中，多种运动素质的训练要结合起来。采取一般体能训练和专项体能相结合，科学的计划和合理训练控制，提高擒拿格斗运动员的综合运动素质。

第二节　擒拿格斗力量训练

一、力量素质的分类和概念

擒拿格斗运动员的力量素质是指人的机体或机体的某一部分肌肉工作（收缩和舒张）时克服内外阻力的能力。外部阻力是指物体的重量、支撑反作用力、摩擦力以及空气或水的阻力等。内部阻力包括肌肉的粘滞力、关节的加固力及各肌肉间的对抗力等。外部阻力往往是发展力量素质的手段，人体在克服这些阻力中提高、发展自身的力量素质。

根据力量素质与运动专项的关系，可分为一般力量与专项力量；根据力量素质与运动员体重的关系，可分为绝对力量和相对力量；根据力量的表现形式，可分为最大力量、快速力量和力量耐力。本章以力量的表现形式予以论述。

最大力量是指肌肉通过最大随意收缩克服阻力时所表现出来的最高力值。

快速力量是指肌肉快速发挥力量的能力，是力量与速度的有机结合。

力量耐力是指肌肉长时间克服阻力的能力。

力量是运动素质的重要组成部分，也是擒拿格斗体能的重要基础，力量素质的好坏在一定程度上影响其他素质的发展。力量素质好能使运动员拳打脚踢得快狠、擒拿得快准、控制对手牢，并且还能加强关节的稳固性，有效地预防关节的损伤。由于擒拿格斗的运动形式是由站立的踢、打、摔到摔倒之后的锁拿直至把对手控制，更加突出力量的重要性。

擒拿格斗训练和比赛，需要各种力量素质成分有较高水平的综合表现，不要过分单一发展其中某个力量素质成分，否则会影响和制约其他力量素质成分的发展。

二、力量素质的训练方法

力量训练是擒拿格斗运动训练的重点之一。擒拿格斗的运动特点是从打到擒拿直至制服对手，实战中要求远踢、近打、贴身摔拿、倒地制服，其技术内容丰富，技术动作简洁，实用对抗性强，动作转换很快，要在实战中战胜对手不仅要求技、战术精湛，而且更需要有良好的力量素质。具体表现在拳法的打击力量、腿法的打击力量、擒拿的快速抓拿力量、全身作用的摔法及倒地制伏力量、承受击打的抗击打力和抗摔拿控制的力量五个方面。使用抱、扛、摔、倒地控制动作时需要最大力量；使用拳法、腿法、擒拿法需要快速力量；互相激烈持久的格斗控制过程中，力量不能减弱，动作不能变形，需要较好的力量耐力；被对方击中、擒拿住、倒地控制需要抗击打力和反控制力量。

（一）最大力量的训练

1. 最大力量的提高主要取决于肌肉的生理横断面和肌肉内协调能力的发展与改善。

2. 基本训练方法负荷量度的确定。

（1）负荷强度

负荷强度的确定应有利于提高运动员神经系统的指挥能力，有利于增大运动员肌肉的体积。发展最大力量的训练强度一般可控在 75% 左右，训练时注意要有一个准备性的渐进过程，每周应穿插一些更大强度的训练。

（2）负荷量

练习的重复次数与负荷的强度有很大关系，75% 的负荷强度做 10 次为宜，每减少或增加 5% 的强度，重复次数可增加或减少两次。

（3）组间间歇时间

间歇时间的长短取决于练习的持续时间和负荷强度的大小，持续时间长，负荷强度越大，间歇时间也越长。

3. 发展最大力量的常用方法。

（1）静力法：特点是用较大重量的负荷并以递增重量的方式进行练习。负荷特征：负荷强度为 90% 以上，每组持续 2 ~ 5 秒钟，组数为 3 组，每组间歇 5 分钟。

（2）大强度法：特点是采用最大负荷进行练习。练习时逐渐达到用力极限，然后继续用中上强度的负荷量，直到机体对刺激产生劣性反应为止。负荷特征：负荷强度为 85% ~ 100%，每组重复次数为 1 ~ 3 次，组数为 6 ~ 10 组，每组间歇时间为 3 分钟。

（3）极限强度法（阶梯式式）：特点是突出极限强度，几乎每周、每天和每个练习都要求接近、达到甚至超过本人当天最高水平。经过一段时间训练，当运动员能够在原最大力量能力的重量上成功完成两次时，就可以增加新的重量。以此类推，使力量水平逐级提高。每级阶梯的训练时间为2周。如果运动员不能承受新的负荷，则退回到原来的阶梯训练2～3天后，再继续增量。

负荷特征：先采用接近本人的最大强度进行练习，然后递增。以卧推练习臂力为例，该运动员最大强度的臂力为100公斤强度，先以97.5%强度练习一段时间后适应该强度，并能每组重复两次以上，再以100%强度练习2～3组，每组1～2次，间歇3～5分钟，练习一段时间后又适应该强度，能每组重复两次以上；再以100%以上适当的强度练习1～2组，每组次数1～2次，间歇3～5分钟，一段时间后又适应该强度，并能每组重复两次以上，依次类推，一个阶梯接一个阶梯地再增加适宜强度练习，来提高力量素质。此法特别适合高水平擒拿格斗运动员运用，它有利于最大力量和相对力量的提高，却不增大肌肉的体积，不增加体重。采用这种方法需要较好的体力和心理准备，注意运动员的腰部保护，防止意外伤害事故，还要有丰富的营养和良好的恢复手段作保证。

（4）极限次数法：特点是以某一个强度进行极限次数的动作重复，直到实在练习不动为止。负荷特征：负荷强度为50%～75%，每组重复实在练习不动为止，组数为3～5组，每组间歇3～5分钟。此法对机体施加了全面、深刻的结构性（肌纤维增粗）和机能性（心血管系统）的影响，是一种能得到肌肉内协调和肌纤维体积双重训练效应的方法。

（5）重复法：特点是负荷重量的大小随肌肉力量的增大而逐渐增加。负荷特征：负荷强度为75%～90%，每组重复次数为3～6次，组数为6～8组，每组间歇时间为3分钟。此法适用于训练的各个时期和阶段，有利于改进用力的协调性，能迅速而有效地提高肌肉力量。

（二）速度力量的训练

速度力量是力量和速度有机结合的一种力量素质，它具有速度和力量的综合特征。决定速度力量发展水平的主要因素是肌内协调、肌间协调和运动单位的快速收缩能力。

1. 速度力量的常用训练方法

（1）各种快速跳跃，每组10～15次，完成3～5组，组间休息5～8分钟。

（2）采用极限重量的30%～50%，以极限速度重复7次，完成5组，组间间歇3～5分钟。

（3）采用等同比赛的阻力负荷，进行持续时间为6秒钟的等长练习，间歇2分钟，重复2～3次。再以极限重量的40%～50%为负荷，并以极限速度练习4～6次，重复2组，组间间歇3～4秒钟。全套动作重复2次，中间间歇4～6分钟。

（4）采用极限重量的60%～80%，以基本动作三分之一的幅度举起重物，然后迅速放下，再立即以极限速度举起。每组次数3～5次，完成3～4组，组间间歇4～5分钟。

（三）力量耐力的训练

1. 发展力量耐力的训练方法

（1）循环力量训练练习法：运用各种力量训练方法学的参数，选择若干练习手段，组成各练习“站”，并以循环方式进行练习。循环练习的设计必须符合擒拿格斗力量耐力的特点，根据“渐进负荷”或“递增负荷”的原则安排练习，整个循环应使身体的各部位和各肌肉群都得到锻炼。擒拿格斗力量耐力的循环练习通常采用4～8个练习，每组循环重复3～4次，总持续时间20～30分钟。

（2）持续训练法：是在相对较长的时间里，以恒定的强度持续进行练习。一般采用60%负荷强度上下浮动，每组完成10~20次，进行3~5组，组间间歇30~90秒钟，负荷心率一般在140~160次/分，优秀运动员可达160~170次/分。

（3）间歇训练法：在一次（或一组）练习后严格规定间歇时间的练习方式。间歇训练法的持续时间与练习强度之间是一种对应关系，强度大，时间短；强度小，时间长。据此可分为“低强度间歇训练法”和“高强度间歇训练法”。低强度间歇训练法一般采用本人最大强度的60%~80%，负荷强度持续时间为45~90秒，此法有助于擒拿格斗的有氧无氧混合代谢能力和专项能力。高强度间歇训练法一般采用本人最大强度的80%~90%，练习时间为15~60秒。

（4）重复训练法：采用低强度负荷的专项手段，如持哑铃的拳法练习、轻负荷的腿法练习、步法练习和单支撑连续高抬腿等，每组重复20~40次，间歇60~90秒钟，完成3~5组。

三、力量素质训练的手段

（一）颈部力量的练习

1. 头部悬重（图7-2-1①②）
2. 拱桥转动头（图7-2-2）
3. 背桥转动头（图7-2-3）
4. 拱桥翻转成背桥（图7-2-4①②③）

图7-2-1①

图7-2-1②

图7-2-2

图7-2-3

图7-2-4①

图7-2-4②

图7-2-4③

（二）上肢力量的练习

1. 拉皮筋（图7－2－5①②③④⑤⑥⑦⑧）

图7－2－5①

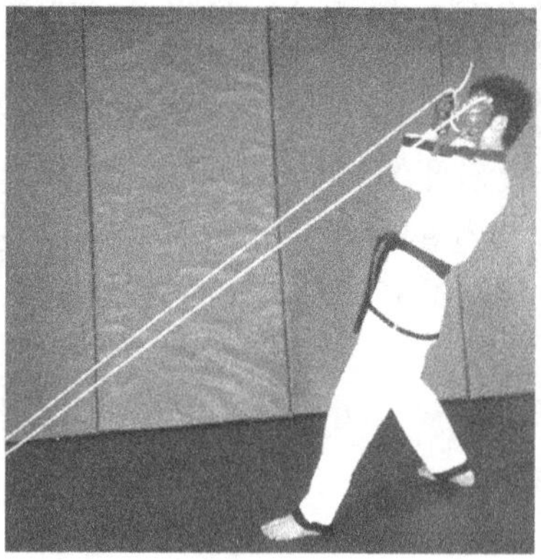

图7－2－5②

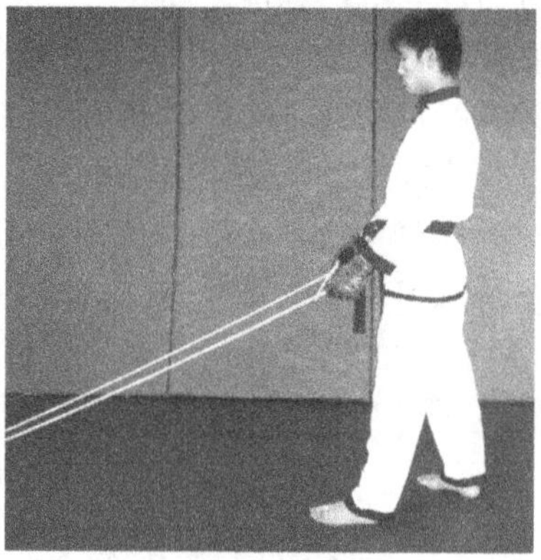

图7－2－5③

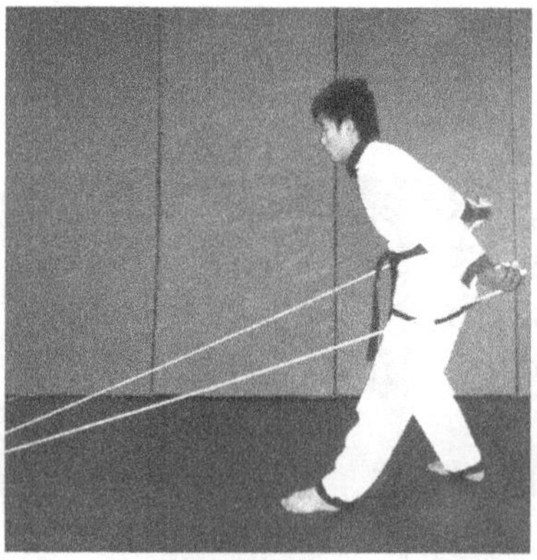

图7－2－5④

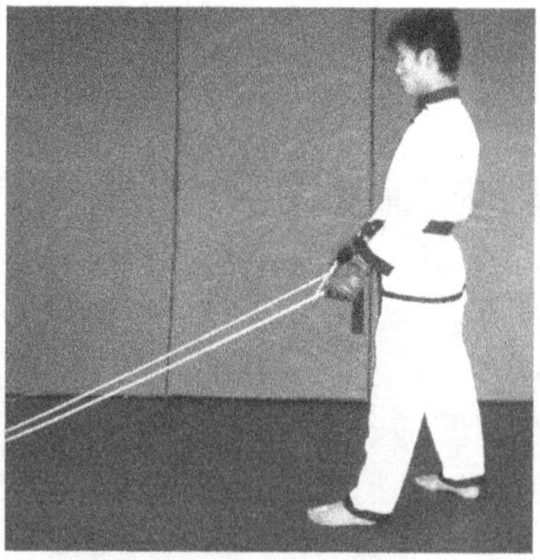

图7－2－5⑤

图7－2－5⑥

图7－2－5⑦

图7－2－5⑧

2. 俯卧撑（图7－2－6①②③）

3. 推小车（图7－2－7①②③④）

4. 引体向上（图7－2－8①②③④）

图7－2－6①

图7－2－6②

图7－2－6③

图7－2－7①

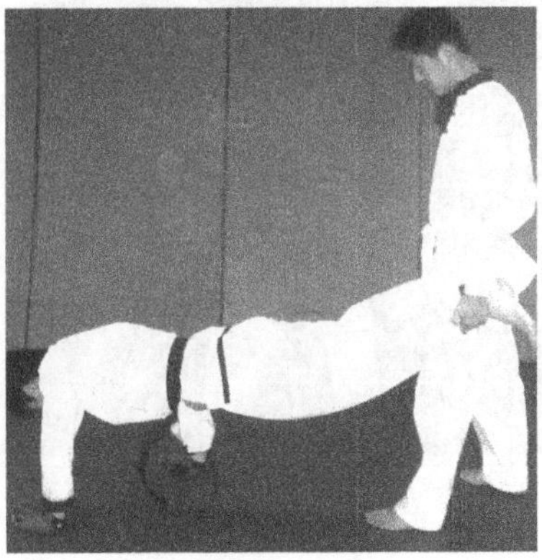

图7－2－7②

图7－2－7③

图7－2－7④

图7－2－8①

图7－2－8②

图7-2-8③

图7-2-8④

图7-2-9①

5. 平推、弯举、俯卧拉杠铃（图7-2-9①②③④⑤⑥⑦）

图7-2-9②

图7-2-9③

图7-2-9④

图7-2-9⑤

图7-2-9⑥

图7-2-9⑦

6. 左右甩杠铃（图 7 - 2 - 10①②③④⑤⑥⑦⑧⑨⑩）

图 7 - 2 - 10①

图 7 - 2 - 10②

图 7 - 2 - 10③

图 7 - 2 - 10④

图 7 - 2 - 10⑤

图 7 - 2 - 10⑥

图 7 - 2 - 10⑦

图 7 - 2 - 10⑧

图 7 - 2 - 10⑨

图 7 - 2 - 10⑩

7. 颈后推举、提拉杠铃（图 7－2－11①②③④⑤⑥）

图 7－2－11①

图 7－2－11②

图 7－2－11③

图 7－2－11④

图 7－2－11⑤

图 7－2－11⑥

8. 扩胸、展翅、弯举哑铃（图 7－2－12①②③④⑤⑥）

图 7－2－12①

图 7－2－12②

图 7－2－12③

图7-2-12④

图7-2-12⑤

图7-2-12⑥

9. 双杠撑臂屈伸（图7-2-13①②③）

图7-2-13①

图7-2-13②

图7-2-13③

10. 卧推杠铃（图7-2-14①②③）

图7-2-14①

图7-2-14②

图7-2-14③

（三）躯干力量的练习

1. 仰卧起身、俯卧挺身（图7－2－15①②③④⑤⑥）

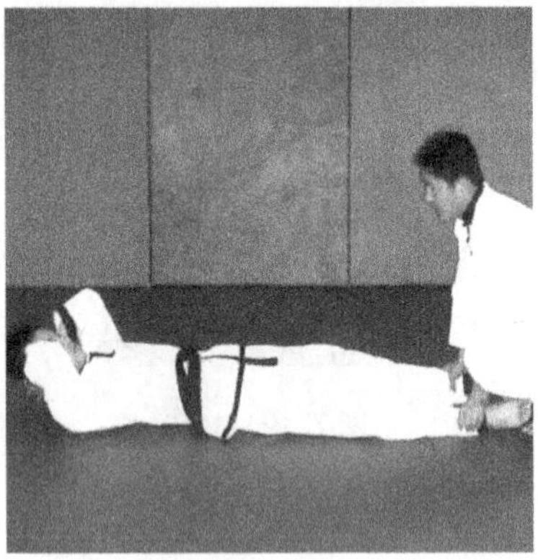

图7－2－15①

图7－2－15②

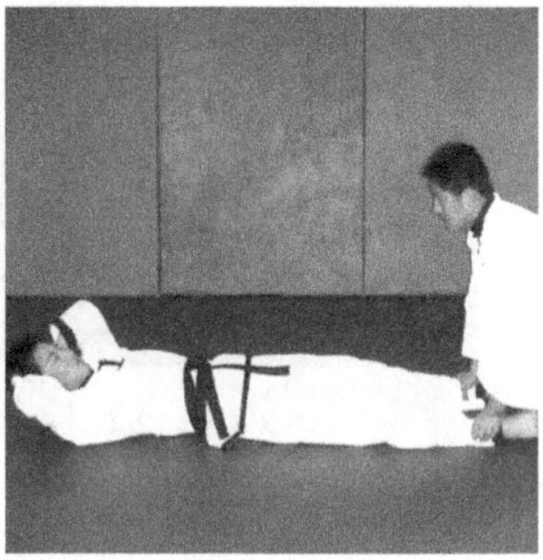

图7－2－15③

图7－2－15④

图7－2－15⑤

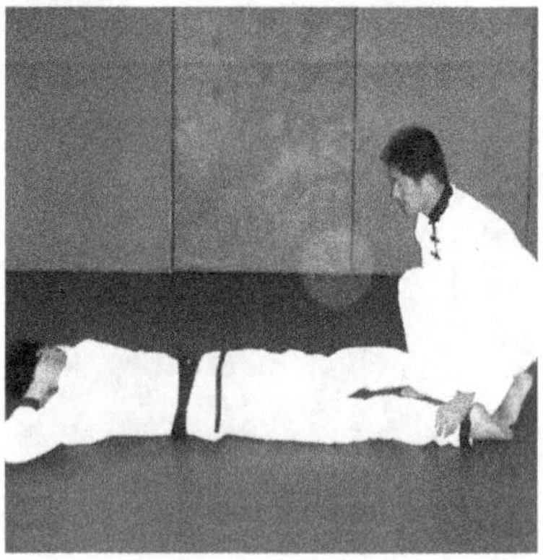

图7－2－15⑥

2. 收腹双腿举、单腿上下举（图7－2－16①②③④⑤）

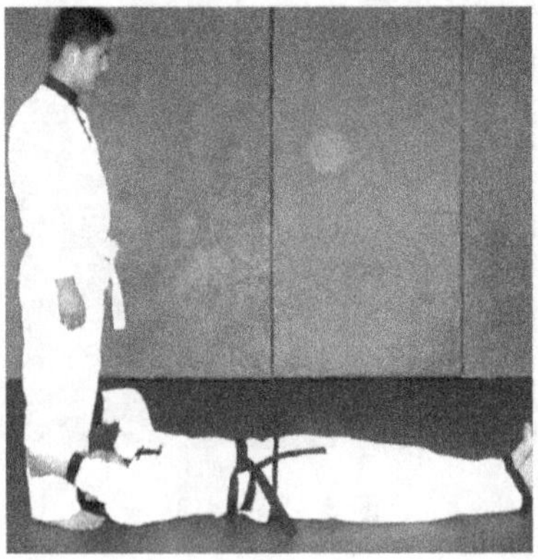

图7－2－16①

图7－2－16②

图7－2－16③

图 7－2－16④

图 7－2－16⑤

3. 站立负重左右转体及体前屈（图 7－2－17①②③④⑤⑥）

图 7－2－17①

图 7－2－17②

图 7－2－17③

图 7－2－17④

图 7－2－17⑤

图 7－2－17⑥

4. 悬垂上下、旋转举腿（图7－2－18①②③④⑤⑥⑦⑧）

图7－2－18①

图7－2－18②

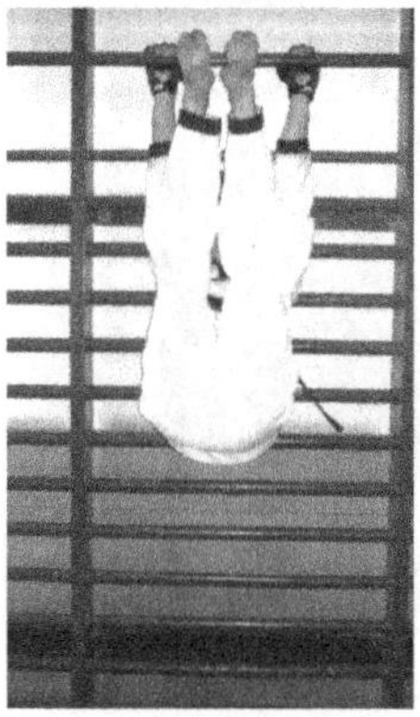

图7－2－18③

图7－2－18④

图7－2－18⑤

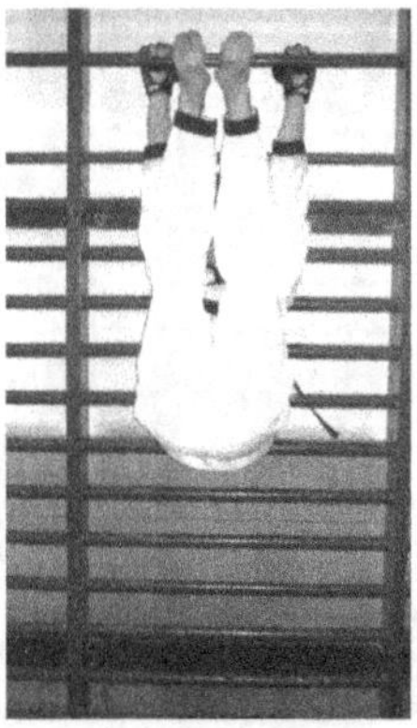

图7－2－18⑥

图7－2－18⑦

图7－2－18⑧

5. 硬拉（图7－2－19①②③）

图7－2－19①

图7－2－19②

图7－2－19③

6. 负重腰侧屈（图 7－2－20①②③④⑤）

图 7－2－20①

图 7－2－20②

图 7－2－20③

图 7－2－20④

图 7－2－20⑤

（四）下肢力量的练习

1. 负重深蹲（图 7－2－21①②③）

图 7－2－21①

图 7－2－21②

图 7－2－21③

2. 负重半蹲（图 7－2－22①②③）

图 7－2－22①

图 7－2－22②

图 7－2－22③

3. 负重蹲跳（图 7－2－23①②③）

图 7－2－23①

图 7－2－23②

图 7－2－23③

4. 负重登台阶（图 7－2－24①②③④⑤⑥⑦⑧⑨）

图 7－2－24①

图 7－2－24②

图 7－2－24③

图 7－2－24④

图 7－2－24⑤

图 7－2－24⑥

图 7－2－24⑦

图 7－2－24⑧

图 7－2－24⑨

5. 连续蛙跳（图 7－2－25①②③）

图 7－2－25①

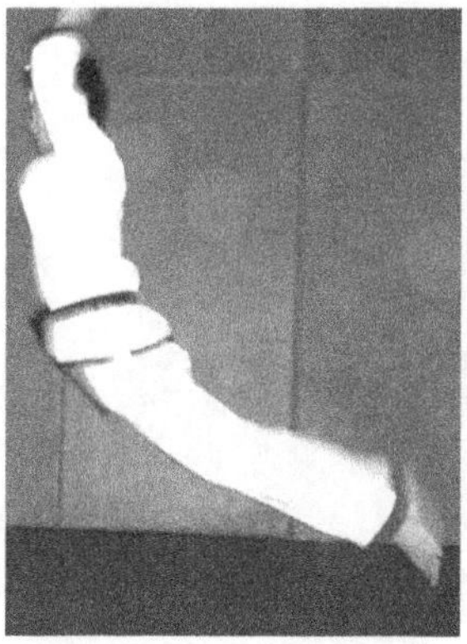
图 7－2－25②

图 7－2－25③

（五）全身力量的练习

1. 高翻（图 7 – 2 – 26①②③）

图 7 – 2 – 26①

图 7 – 2 – 26②

图 7 – 2 – 26③

2. 左右摇摆杠铃（图 7 – 2 – 27①②③④⑤）

图 7 – 2 – 27①

图 7 – 2 – 27②

图 7 – 2 – 27③

图 7 – 2 – 27④

图 7 – 2 – 27⑤

3. 正、反扛人走（图 7 – 2 – 28①②③④⑤⑥⑦⑧⑨）

图 7 –2 –28①

图 7 –2 –28②

图 7 –2 –28③

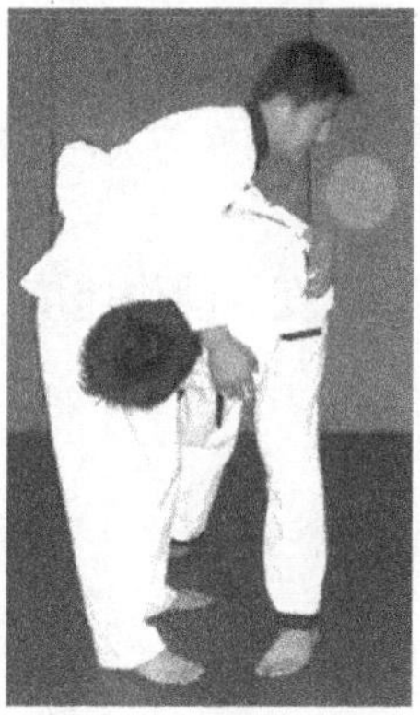

图 7 –2 –28④

图 7 –2 –28④手位附图

图 7 –2 –28⑤

图 7 –2 –28⑥

图 7 –2 –28⑦

图 7 –2 –28⑧

图 7 –2 –28⑨

4. 左右涮动沙人（图7－2－29①②③④）

图7－2－29①

图7－2－29②

图7－2－29③

图7－2－29④

第三节　擒拿格斗速度训练

速度素质是指人体进行快速运动的一种能力。从表现形式上可分为反应速度、动作速度、位移速度。

一、速度素质的表现形式

速度在擒拿格斗中的表现形式可分为反应速度、动作速度、动作频率和位移速度。

（一）反应速度

擒拿格斗运动员的反应速度包括简单反应速度和复杂反应速度。简单反应速度是运动员对特定动作或信号做出反应的快慢，复杂反应速度是对对手动作的变化做出相应动作的反应快慢能力。擒拿格斗运动员在场上比赛的反应速度主要是复杂反应速度。

（二）动作速度

动作速度是指运动员身体完成单个动作的时间长短，即擒拿格斗运动员出拳或出腿的动作速度。

（三）位移速度

位移速度指单位时间内身体移动距离长短的能力或身体通过一定距离所需时间长短的能力。

二、练习方法：

（一）反应速度的锻炼方法

反应速度是指人体对各种信号刺激的快速反应能力。可以利用各种突发信号进行练习。

（二）动作速度的锻炼方法

动作速度是指人体完成某一动作的快慢。如：报号击靶位、亮靶击打、防守拳击并擒拿，可通过掌握正确的预备姿势，形成较大的工作幅度来发展动作速度。也可以利用外界条件或减轻器械重量来反复快速练习发展动作速度。

（三）位移速度的锻炼方法

运用短距离重复跑加快动作频率，以最快的速度反复练习。

发展速度素质要注意力量、灵敏、柔韧等素质的发展，还要注意提高肌肉放松的能力。

三、速度训练的手段

（一）亮靶击打练习

两人配合，一人拿手靶（脚靶），另一人打靶，拿靶者突然亮出靶，击打者见靶快速抢打（图7－3－1①②）。

图7－3－1①

图7－3－1②

（二）系皮条拳、腿法练习

练习者手（脚）系橡皮条练习拳法或腿法（图7－3－2①②③④）。

图7－3－2①

图7－3－2②

图7－3－2③

图7－3－2④

（三）擒拿对方的快速冲拳练习

对方快速出拳，练习者快速进行抓拿练习（图7－3－3①②③）。

图7－3－3①

图7－3－3②

图7－3－3③

（四）快速重复摔法空练

连续地进行快速的摔法徒手练习（图7－3－4①②③）。

图7－3－4①

图7－3－4②

图7－3－4③

（五）快速连续高抬腿

用最快速度进行连续高抬腿（图7－3－5①②③）。

图7－3－5①

图7－3－5②

图7－3－5③

（六）快速拳腿空击练习

快速进行拳腿组合重复练习（图7－3－6①②③）。

图7－3－6①

图7－3－6②

图7－3－6③

第四节　擒拿格斗耐力训练

耐力素质是指人体在长时间进行工作或运动中克服疲劳的能力。也是反映人体健康水平或体质强弱的一个重要标志。耐力素质的训练，除对肌肉耐力和心血管机能的提高具有高度影响外，还决定着肌肉疲劳后恢复的快慢。耐力素质越好，疲劳后迅速恢复的能力越强，这是擒拿格斗比赛对运动员保持高强度运动能力不变的特殊要求。

耐力素质主要包括发展有氧耐力和无氧耐力。

一、提高有氧能力的方法

（一）长时持续训练方法：持续练习的时间较长，擒拿格斗训练一般安排为20~30分钟，负荷强度的运动心率指标约为150次/分。用于提高心脏保持机能活动水平不变的持续活动能力，发展运动员有氧代谢系统的供能能力，是发展一般耐力的最有效的运动形式。

（二）短时持续训练方法：持续时间约为5~10分钟，负荷强度的运动心率指标控制在160次/分左右，完成2~3组，组间间歇时间充分，用于发展有氧强度状态下的供能能力。例如以原地跳跃配合全身各部位运用动作的有氧健身操和跳绳，不仅能有效提高有氧运动的强度，而且能提高运动员的节奏感、协调性和步法的灵活性。

（三）有氧间歇训练法：主要用于发展运动员有氧代谢系统的工作能力。练习的负荷时间约为6~10分钟，负荷强度的运动心率指标为170次/分左右，组数较少，间歇充分，例如间歇跑1000~1500米。

二、提高无氧能力的方法

（一）极强性间歇跑：例如60~100米的间歇跑、100~400米的间歇跑，负荷时间通常在10~60秒钟内，负荷强度的心率指标可达180次/分。这种方法主要用于提高非乳酸能和乳酸能系统混合供能能力和提高速度耐力。

（二）强化性间歇训练方法：负荷时间通常在60~120秒钟负荷强度控制在心率指标170~180次/分，练习数组，间歇时间不充分，待心率降至130次/分左右，即可进行下一组的练习，例如连续摔沙人、连续地下控制和反控制实战练习，拳法、腿法和拳、腿法组合击打沙包的练习。这种方法主要用于发展乳酸能系统的供能能力和提高在无氧供能状态下技术动作的稳定性和实效性。

三、提高体力的方法

（一）12分钟跑：是提高心脏机能水平的有效练习，要求在12分钟内达到2800~3000米距离，随着训练水平的提高，逐步增加距离。

（二）变换强度跑：主要用于提高心脏对高变强度运动的适应能力。应用中可采用快跑20~40米，接着进入40~60米的慢跑，如此重复6~10次，完成2~3组，组间充分休息或不充分休息。

（三）比赛特征的模拟练习：模拟擒拿格斗每局比赛的时间特征、运动强度变化特征和运动形式特征，设计空击或击打、摔的组合练习，以提高机体对擒拿格斗比赛供能机制和运动强度等特定条件的适应。一般练习3~5分钟，重复3~4组，间歇1~3分钟。

（四）高强度、高密度、多重复、短间歇的专项对抗练习。

四、专项耐力素质训练的手段

1. 连续重复摔沙人练习

快速连续重复完成摔沙人的摔法技术，练习时间一般在3~5分钟，重复3~4组，间歇1~3分钟。也可根据需要调整练习的时间、组数及间歇时间（图7-4-1①②③④⑤⑥⑦⑧）。

图7－4－1①

图7－4－1②

图7－4－1③

图7－4－1④

图7－4－1⑤

图7－4－1⑥

图7－4－1⑦

图7－4－1⑧

2. 拳腿组合打沙包练习

拳腿组合不间断进行快速、有力地打沙包，击打沙包3～5分钟，重复3～4组，间歇1～3分钟（图7－4－2①②③）。

图7－4－2①

图7－4－2②

图7－4－2③

3. 跑、跳台阶练习

在规定的时间内完成一定数量的跑、跳台阶，脉搏数为180次以上/分，间歇1~3分钟后进行下一组练习（图7-4-3①②③④⑤⑥⑦）。

图7-4-3①

图7-4-3②

图7-4-3③

图7-4-3④

图7-4-3⑤

图7-4-3⑥

图7-4-3⑦

4. 拳腿打脚靶练习

练习要求同拳腿组合打沙包练习（图7-4-4①②）。

图7-4-4①

图7-4-4②

5. 左右涮动沙人练习

在规定的时间内完成一定数量的涮动沙人练习，间歇时间、组数按需要而定（图 7 - 4 - 5①②）。

6. 连续下蹲起抱人练习

在规定的时间内完成一定数量的抱人练习。间歇时间、组数按需要而定（图 7 - 4 - 6①②③④）。

图 7 - 4 - 5①

图 7 - 4 - 5②

图 7 - 4 - 6①

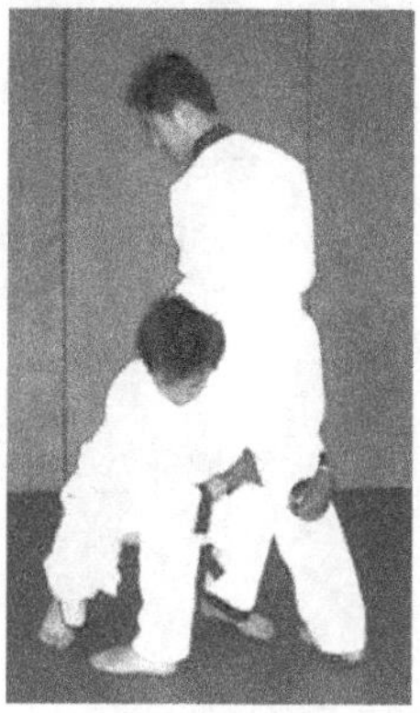

图 7 - 4 - 6②

图 7 - 4 - 6③

图 7 - 4 - 6④

第五节 擒拿格斗柔韧训练

柔韧，是指身体各关节的活动幅度和肌肉、韧带的伸展能力。柔韧训练是提高人体关节、韧带、肌肉幅度与伸展能力。

一、柔韧训练基本方法

有动力性拉伸法和静力性拉伸法。动力性拉伸法是有节奏地多次重复同一动作的拉伸练习，使软组织逐渐被拉长；静力拉伸是通过有节奏的、缓慢的动作将肌肉等软组织拉长，当拉长至一定程度时保持静止不动。

二、柔韧训练的手段

（一）手指、手腕柔韧性练习

1. 握拳伸展反复练习（图7－5－1①②③）

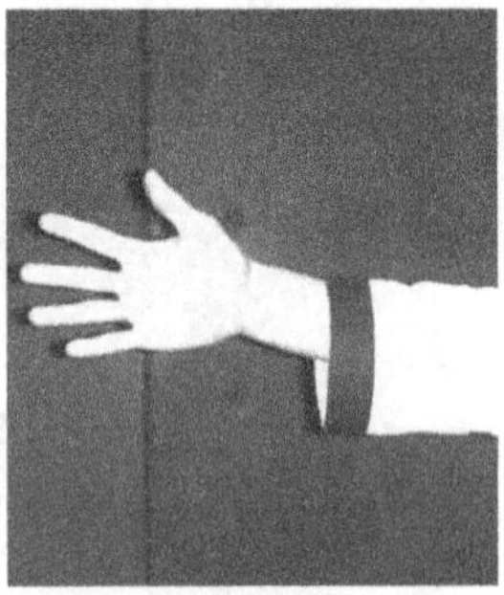
图7－5－1①

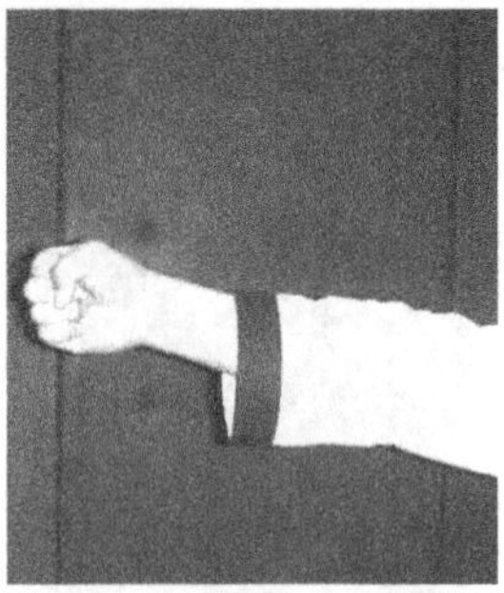
图7－5－1②

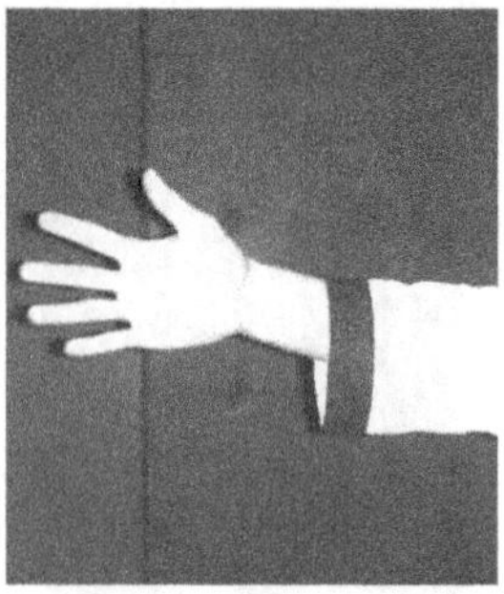
图7－5－1③

2. 双手抓器械转腕练习（图7－5－2）
3. 交叉五指直臂头上外翻上、前顶（图7－5－3①②③④）

图7－5－2

图7－5－3①

图7－5－3②

图7－5－3③

图7－5－3④

4. 上手相触内压（图 7－5－4）
5. 交叉五指手腕环绕（图 7－5－5①②③）

图 7－5－4

图 7－5－5①

图 7－5－5②

图 7－5－5③

6. 手腕曲伸环绕（图 7－5－6①②③）

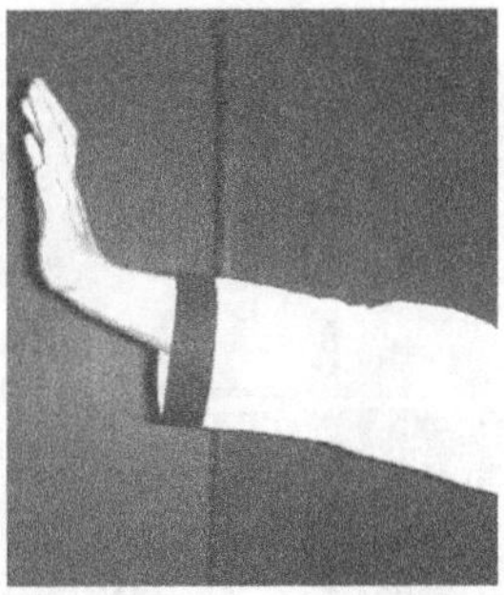

图 7－5－6①

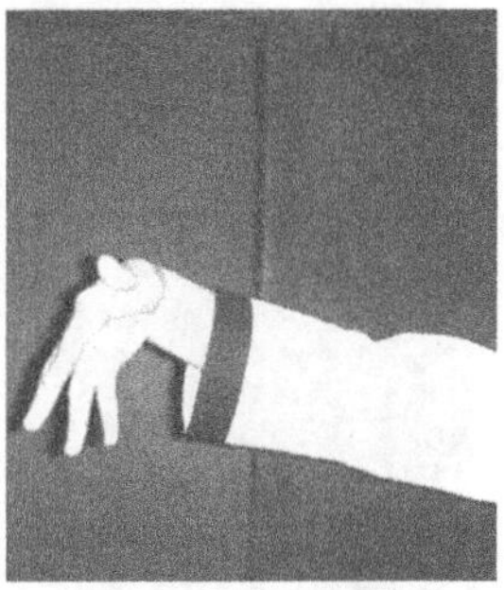

图 7－5－6②

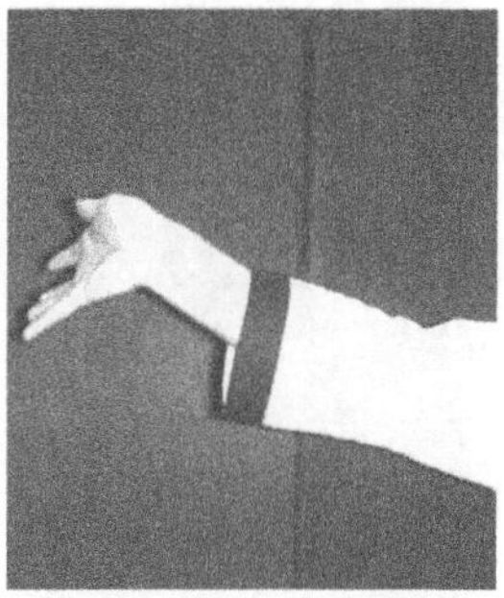

图 7－5－6③

（二）肩关节柔韧性练习

1. 扶高物体体前屈压肩（图 7－5－7）
2. 双人搭肩体前倾直臂压肩（图 7－5－8）
3. 双人体侧拉肩（图 7－5－9）

图 7－5－7

图 7－5－8

图 7－5－9

4. 抱臂搬肩（图 7－5－10①②）
5. 吊肩（左右转体）（图 7－5－11①②③）
6. 握棍转肩（图 7－5－12①②③④）

图 7－5－10①

图 7－5－10②

图 7－5－11①

图 7－5－11②

图 7－5－11③

图 7－5－12①

图 7－5－12②

图 7－5－12③

图 7－5－12④

（三）腰腹部柔韧性练习

1. 弓箭步转腰（图 7－5－13①②③）

图 7－5－13①

图 7－5－13②

图 7－5－13③

2. 开步涮腰（图 7－5－14①②③④⑤⑥）

图 7－5－14①

图 7－5－14②

图 7－5－14③

图 7－5－14④

图 7－5－14⑤

图 7－5－14⑥

3. 体前屈，手左右触脚踝（图 7－5－15①②③）

图 7－5－15①

图 7－5－15②

图 7－5－15③

4. 并腿坐、分开腿坐，体前屈（图 7－5－16①②③④⑤⑥）
5. 俯卧撑交替举后腿（图 7－5－17①②③）

图 7－5－16①

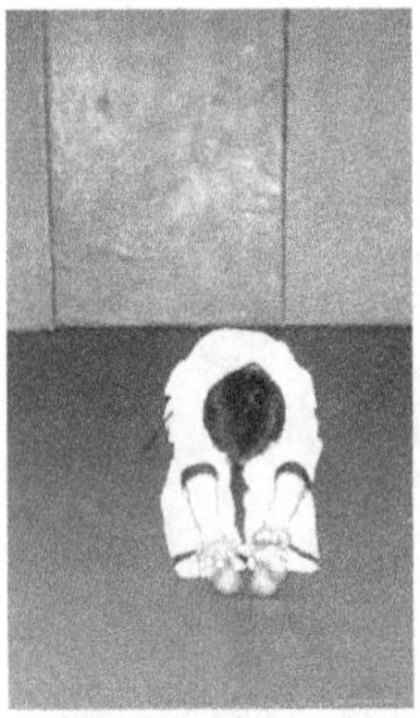

图 7－5－16②

图 7－5－16③

图 7－5－16④

图 7－5－16⑤

图 7－5－16⑥

图 7－5－17①

图 7－5－17②

图 7－5－17③

（四）下肢柔韧性练习

1. 正压腿（图 7－5－18①②）
2. 侧压腿（图 7－5－19①②）

图 7－5－18①

图 7－5－18②

图 7－5－19①

图 7－5－19②

3. 后压腿（图 7－5－20①②）
4. 前后劈叉（图 7－5－21）

图 7－5－20①

图 7－5－20②

图 7－5－21

5. 左右劈叉（图 7－5－22）

6. 踢腿练习（图 7－5－23①②③④⑤⑥）

图 7－5－22

图 7－5－23①

图 7－5－23②

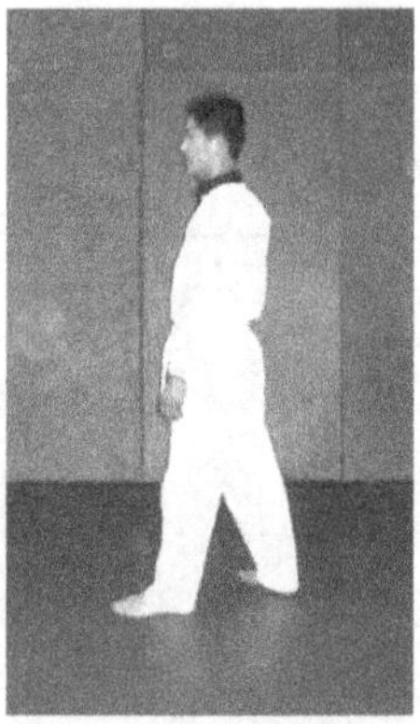

图 7－5－23③

图 7－5－23④

图 7－5－23⑤

图 7－5－23⑥

（五）踝关节柔韧性练习

1. 台阶提踵练习（图 7－5－24①②）

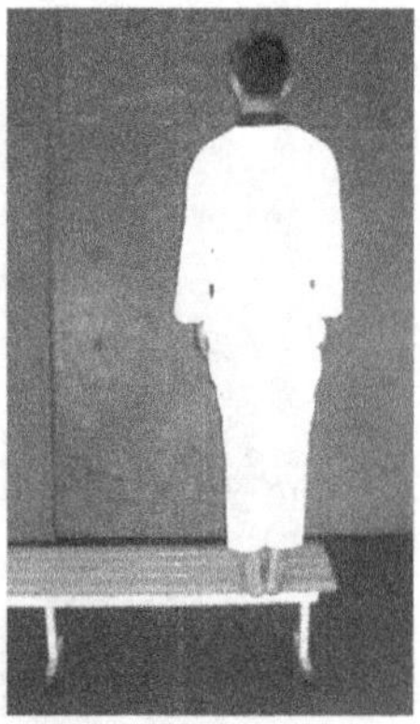

图 7－5－24①

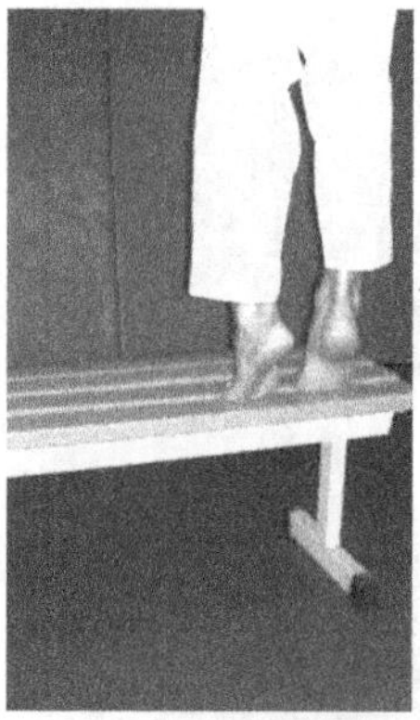

图 7－5－24②

2. 跪压足背（图 7－5－25①②③）

图 7－5－25①

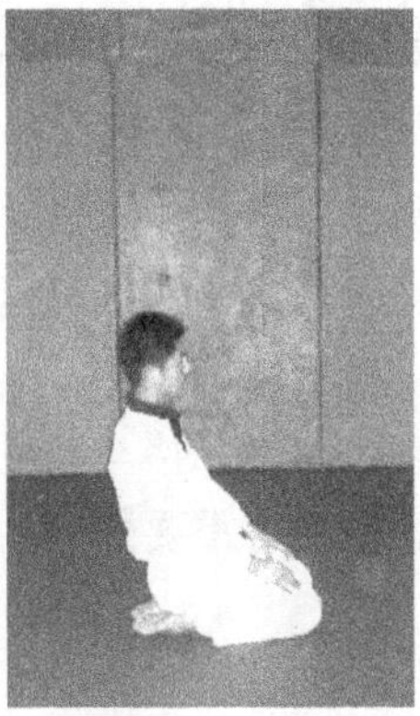
图 7－5－25②

图 7－5－25③

3. 跳绳练习（图 7－5－26①②③）

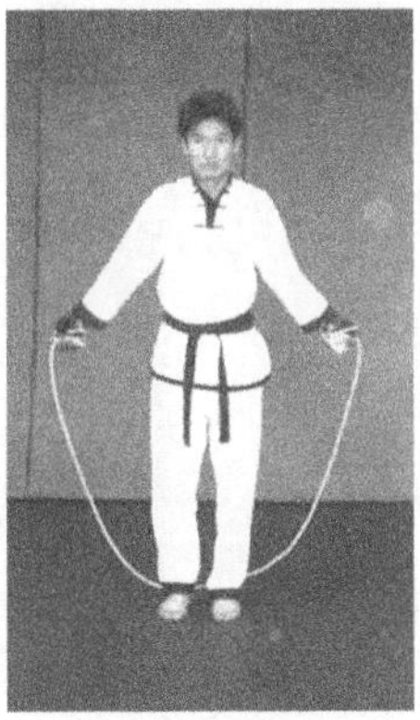
图 7－5－26①

图 7－5－26②

图 7－5－26③

4. 脚掌行走（图 7－5－27①②③）

图 7－5－27①

图 7－5－27②

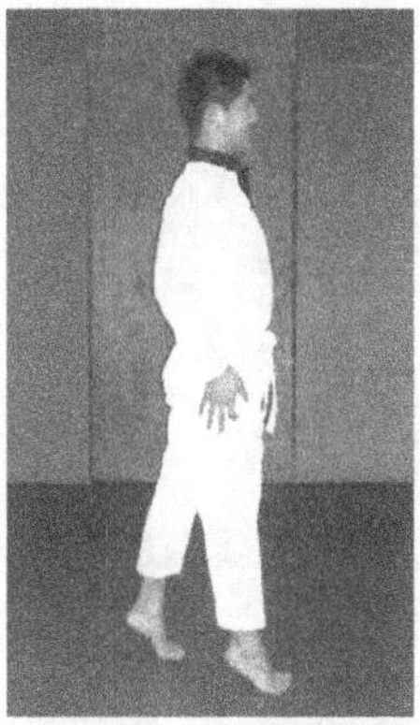
图 7－5－27③

第六节　擒拿格斗抗击力训练

所谓抗击力，是指人体对外界击打的承受能力。在激烈的擒拿格斗对抗中，遭受到对方的击打是在所难免的。抗击力训练就是为了提高擒拿格斗运动员的抗击打能力，在发展肌肉力量的基础上而进行的专门训练，是擒拿格斗运动的一种独特练习形式。通过抗击力训练，不仅能使骨骼变得粗壮、坚硬，有效提高运动员身体的灵活性，为擒拿格斗技、战术的发挥打下良好的基础，而且对增强自我保护能力，避免和减少运动损伤等都具有重要作用。

一、抗击力训练的方法

（一）硬质棍棒、硬中有软的物体自我或相互滚压、拍打腹部与四肢。如拍打手臂、腹部、胸部和头部，用拳法或腿法相互踢打身体相关部位等。

（二）硬中有软的物体去冲撞某部位。

（三）跌法（倒地）训练。

（四）模拟实战训练。

二、抗击力训练应注意的问题

（一）循序渐进。

（二）全面击打。

（三）持之以恒。

（四）有针对性。

（五）注意恢复。

三、抗击力训练的手段

1. 滚压腹部、四肢的练习（图 7－6－1①②③）

图 7－6－1①

图 7－6－1②

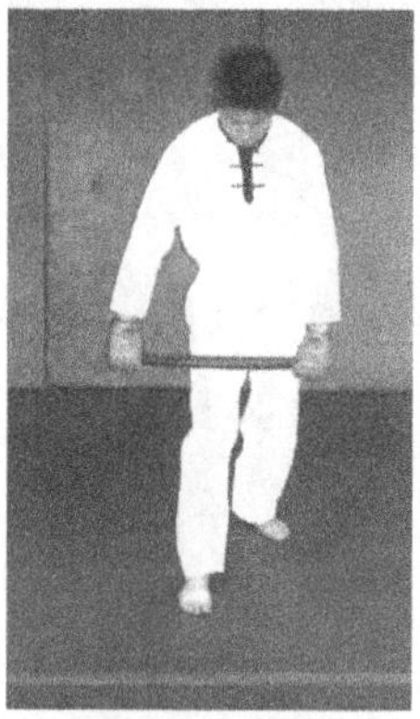

图 7－6－1③

2. 个人拍打，棍打手臂、胸、腹部（图7－6－2①②③④⑤⑥）

图7－6－2①

图7－6－2②

图7－6－2③

图7－6－2④

图7－6－2⑤

图7－6－2⑥

3. 双人配合击打练习（图7－6－3①②③）

图7－6－3①

图7－6－3②

图7－6－3③

4. 拳腿击打胸、腹部和头部（图7－6－4①②③④）

图7－6－4①

图7－6－4②

图7－6－4③

图7－6－4④

5. 背部冲撞硬中有软的沙包（图7－6－5①②③）

图7－6－5①

图7－6－5②

图7－6－5③

6. 两人撞背（图7－6－6①②）

图7－6－6①

图7－6－6②

小 结

本章讲述擒拿格斗体能训练的概念及体能的构成。详细讲解体能的特点和作用，以及基本素质（速度、力量、耐力、柔韧、抗击力）的训练方法、手段等。对擒拿格斗技术的特点及其体能训练要求更加具体、深入。

思考题：

1. 体能的概念是什么？体能的构成有哪些因素？
2. 擒拿格斗发展最大力量的常用方法有哪些？
3. 擒拿格斗速度素质的表现形式是什么？
4. 擒拿格斗柔韧训练基本方法你还能找出哪些？
5. 擒拿格斗柔韧训练的作用是什么？
6. 谈谈体能训练对擒拿格斗的作用。

第八章　擒拿格斗的运动损伤、预防与康复

第一节　擒拿格斗运动的损伤

在擒拿格斗的教学训练过程中，由于教学训练计划的不完整、学生的身体素质差或急于求成的心理等原因，都有可能出现伤情，尤其在技术、条件实战中，由于技、战术水平的差异，发生损伤不可避免。如果出现损伤，就不能参加正常的教学与训练，从而不能保证教学训练的系统性和持续性，妨碍技术水平的提高，严重影响教学训练的正常进行。可见，损伤的防治在擒拿格斗中占有重要的位置。如果了解和掌握擒拿格斗损伤发生的规律和原因，做好预防，就能最大限度地减少或避免损伤，从而保证训练的正常进行。同时，教练员和学生必须掌握损伤的处理及救治方法，从而最大限度地减少损伤后的不良后果，以保证伤情早愈。

一、擦　伤

机体表面与粗糙物体相互磨擦而引起的皮肤表层损害，称为擦伤。学生在训练或格斗时，脚背、手、臂、口、眼、鼻等身体部位都有可能出现擦伤。

如果擦伤面积较小，可用适当的消毒液涂抹，小心防护，避免与外物接触即可；若擦伤面积较大，需用2.5%的碘酒和75%的酒精在伤口周围消毒，再用生理盐水棉球擦去伤口异物，然后用绷带包扎。

擦伤在擒拿格斗教学训练中是很常见的，所以为了避免或少发生擦伤，做准备活动时要充分，训练前要检查器械、场地等是否正常，训练强度和运动量的安排要循序渐进。

二、挫　伤

人体某部位受钝性外力作用而引起的局部闭合性损伤，称为挫伤。学生在训练或格斗时，由于防护不到位，头部、躯干受到重击，或倒地自我保护不合理，都有可能发生挫伤。

单纯肌肉挫伤，轻者局部仅有疼痛、压痛、肿胀、功能障碍；重者，可因皮下出血形成血肿或淤斑，疼痛和功能障碍都较明显。复杂性挫伤是一种较为严重的损伤，如头部挫伤，轻者可发生脑震荡，严重者可有颅骨骨折或合并脑挫伤而危及运动员的生命；胸、背部挫伤可合并肋骨骨折或肺脏损伤，形成气胸或血胸；腰、腹部挫伤可合并肾挫伤和肝、脾破裂而引起内出血和休克；睾丸挫伤可因剧烈疼痛而引起休克；股四头肌、腓肠肌的严重挫伤，可引起肌肉或肌腱断裂，故应根据冲力大小和受伤部位判断伤势的轻重。单纯性挫伤在局部冷敷后，外敷新伤药，加压包扎，抬高患肢。头部、躯干部和睾丸挫伤有休克症状出现者应首先进行抗休克处理，保温、止痛、止血，立即

送医院治疗。有肌肉、肌腱断裂者，应将肢体包扎固定后，送医院治疗。

挫伤在擒拿格斗训练中偶有发生，主要在于对抗时，双方注意力不集中，或有意较真、打闹等。

三、扭　伤

扭伤是因关节活动过度，超过正常范围，使周围的筋膜、肌肉、肌腱等受强力牵拉，发生损伤或撕裂。常见的扭伤为踝部及腰部。踝部扭伤轻者韧带拉松或部分撕裂；重者则完全断裂，并有踝关节半脱位，或并发骨折脱位。踝关节扭伤后，病人外跟前下方或下方有疼痛、肿胀，急性期可有瘀斑。这时做足内翻的动作会加重疼痛，做足外翻则可无疼痛。轻度扭伤，即局部关节稳定性仍正常，可外擦舒筋活血的药或冷敷，然后用绷带固定即可，注意不能揉按。重度扭伤，即关节稍有侧方活动，宜用一块弓形小夹板将伤肢固定，送往医院做进一步治疗。急性腰扭伤是腰部肌肉、筋膜、韧带等软组织因外力作用突然受到过度牵拉而引起的急性撕裂伤，常发生于抱缠翻滚、腰部肌肉强力收缩时。急性腰扭伤可使腰骶部肌肉的附着点、骨膜、筋膜和韧带等组织撕裂。急性腰扭伤者常感腰部剧烈疼痛，腰部活动受限，直腰转身困难，常用双手支撑自己的腰部，疼痛可因咳嗽、深呼吸等加剧，部分有下肢放射痛。轻者尚能工作，但休息后或次日疼痛加重，甚至不能起床，重者疼痛剧烈，当即不能活动，对于急性腰扭伤重者一定要绝对平卧在硬板上，不要做过多活动，要及时送往医院。

扭伤是由于活动不充分、技术动作不正确、发力点不准确，或在互相对抗时，出自于不合理的用力和外力过度扳折、旋拧而造成的。扭伤在擒拿格斗训练中时有发生，为减少扭伤的几率，准备活动一定要充分，动作方法要准确，培养和提高自我保护能力，提高关节的肌肉力量，以及关节的稳定性和协调性，同时还要注意力量的大小及采用合理的防护方法。

四、膝关节急性损伤

膝关节由股、胫、髌、腓骨组成，关节内及周围有内外侧副韧带、前后十字韧带、内外半月板、以及肌肉和肌腱，它是人体最复杂的关节，也是较容易发生损伤的主关节。

1. 侧副韧带损伤

膝关节两侧有内外侧副韧带，内侧副韧带起自股骨内收肌结节，止于胫骨内髁内侧，外侧副韧带起自股骨外髁外侧，止于腓骨头。膝关节完全伸直时，内外侧副韧带均紧张，维持关节稳定和控制向侧方异常活动；膝关节屈曲时，内外侧副韧带均松弛，关节不稳定，易受损伤。膝伸直位，膝或腿部外侧受强大冲力打击或重压，使膝过度外展，内侧副韧带可发生部分或完全断裂。相反，膝或腿部内侧受暴力打击或重压，使膝过度内收，外侧副韧带可发生部分或完全断裂，在严重创伤时，侧副韧带、十字韧带和半月板可同时损伤。侧副韧带损伤局部剧痛、肿胀、有时有瘀斑，膝关节不能完全伸直。韧带损伤处压痛明显，内侧副韧带损伤时，压痛点常在股骨内上髁或胫骨内髁的下缘处；外侧韧带损伤时，压痛点在股骨外上髁或腓骨小头处。

例如学生的一腿被对方抄起，支撑腿保持平衡用力防摔或反摔时，由于力量差、技术不高，就容易出现内侧副韧带损伤。

轻微的侧副韧带损伤，疼痛较轻，肿胀不明显，无关节屈伸障碍，这时只需停训 2～3 天，外敷活血止痛中药，然后用绷带进行固定保护。较重的侧副韧带损伤，会出现明显的肿胀、伸屈功能受限，疼痛剧烈，一般采用橡皮海绵和弹力绷带加压包扎，再用托板将患膝固定于微屈位，然后抬高患肢休息。侧副韧带如出现撕裂、断裂，应立即加压包扎，原姿势固定，然后送往医院进一步诊治。

2. 十字韧带和半月板损伤

膝关节内有前、后十字韧带（又称交叉韧带），前十字韧带起自胫骨髁间隆起的前方，向后、上、外止于股骨外髁的内面；后十字韧带起自胫骨髁间隆起的后方，向前、上、内止于股骨内踝的外面，膝关节不论伸直或屈曲，前后十字韧带均呈紧张状态，前十字韧带可防止胫骨向前移动，后十字韧带可防止胫骨向后移动。冲力使膝关节过伸或过度外展可引起膝关节前十字韧带损伤。如屈膝时，外力从前向后加于股骨，或外力从后向前撞击胫骨上端，均可引起前十字韧带断裂。膝关节前脱位常由于过伸引起，必然伤及前十字韧带。如为过度外展引起，可同时发生内侧副韧带断裂，前十字韧带损伤合并内侧半月板损伤也较常见。屈膝时，外力从前向后撞击胫骨上端，使胫骨过度向后移位，可引起后十字韧带损伤，甚至发生膝关节后脱位。十字韧带损伤膝关节剧烈疼痛，明显肿胀，关节内积血，屈伸活动将受到障碍。

在胫骨关节面上有内侧和外侧半月形状骨，叫半月板，其边缘部较厚，与关节囊紧密连接，中心部薄，呈游离状态。半月板可随着膝关节运动而有一定的移动，伸膝时半月板向前移动，屈膝时向后移动。半月板损伤多由扭转外力引起，当一腿承重，小腿固定在半屈曲、外展位时，身体及股部猛然内旋，内侧半月板在股骨髁与胫骨之间，受到旋转压力，而致半月板撕裂。如扭伤时膝关节屈曲程度愈大，撕裂部位愈靠后，外侧半月板损伤的机制相同，但作用力的方向相反，破裂的半月板如部分滑入关节之间，使关节活动发生机械障碍，妨碍关节伸屈活动，形成“交锁”。急性半月板损伤膝关节有明显疼痛、肿胀和积液，关节屈伸活动障碍，急性期过后，肿胀和积液可自行消退，但活动时关节仍有疼痛，尤以上下楼、上下坡、下蹲起立、跑、跳等动作时疼痛更明显，严重者可跛行或屈伸功能障碍，部分病人有“交锁”现象，或在膝关节屈伸时有弹响。半月板或十字韧带损伤后，当时即有剧烈疼痛、明显肿胀、膝关节松活、软弱无力、不能行走的症状，这时需加压包扎，固定制动，送往医院诊治。

膝关节急性损伤一般发生在对抗时，主要由于力量不足、防护技术差等因素造成。所以，在训练中要加强身体素质训练，要正确运用技术动作，这样可以减少或避免损伤。

五、关节脱位

关节脱位是由于直接或间接暴力作用于关节，使骨与骨之间相对关节面正常关系破坏，发生移位，也称脱臼。关节脱位时会出现疼痛、压痛和肿胀，关节功能丧失，关节外表出现畸形。学生在训练中，肘关节、肩关节脱臼较为常见。由于倒地时自我保护动作不正确，易出现肘关节、肩关节脱臼；在使用冲拳、贯拳空击时，由于用力过猛也有可能出现肘、肩关节脱臼；在实施擒拿抓握对方肢体，用力反折关节，极度旋拧，或在对方比较放松的情况下，抓住对方肢体，趁其不备突然用力牵拉，也可以直接造成关节脱位。

肩关节脱位最常见，约占全身关节脱位的50%，这与肩关节的解剖和生理特点有关，如肱骨头大，关节盂浅而小，关节囊松弛，其前下方组织薄弱，关节活动范围大，遭受外力的机会多等。肩关节脱位按肱骨头的位置分为前脱位和后脱位。肩关节前脱位者很多见，常因间接暴力所致，如跌倒时上肢外展外旋，手掌或肘部着地，外力沿肱骨纵轴向上冲击，肱骨头自肩胛下肌和大园肌之间薄弱部撕脱关节囊，向前下脱出，形成前脱位。肱骨头被推至肩胛骨喙突下，形成喙突下脱位，如冲力较大，肱骨头再向前移至锁骨下，形成锁骨下脱位。但后脱位很少见，多由于肩关节受到由前向后的暴力作用或在肩关节内收内旋位跌倒时手部着地引起。后脱位可分为肩胛岗下和肩峰下脱位，肩关节脱位如在初期治疗不当，可发生习惯性脱位。外伤性肩关节前脱位，肩部疼痛、肿胀和功能障碍，伤肢呈弹性固定于轻度外展内旋位，肘屈曲，用健侧手托住患侧前臂，外观呈“方肩”畸形，肩峰明显突出，肩峰下空虚。后脱位临床症状不如前脱位明显，主要表现为喙突明显突出，肩前部塌陷扁平，在肩胛下部可以摸到突出肱骨头。

患者仰卧，术者位于患侧，双手握住患肢腕部，足跟置于患侧腋窝（左肩用左足，右肩用右足），两手用稳定持续的力量牵引，并同时向外旋转患肢，内收上臂即可复位，复位时可听到响声。

冲力使肘关节过度后伸时，尺骨鹰嘴冲击肱骨下端的鹰嘴窝，产生一种有力的杠杆作用，使止于喙突上的肱前肌和肘关节囊前壁撕裂。肱骨下端继续前移，尺骨鹰嘴向后移，形成肘关节后脱位。肘关节前脱位很少见，多为直接冲力所致，发生时多在伸肘位，肘后暴力造成鹰嘴骨折后向前脱位。肘关节脱位表现在肘部明显畸形、肘窝部饱满、前臂外观变短、尺骨鹰嘴后突、肘后部空虚和凹陷。

肘关节脱臼时，让患者呈坐位，助手站在患者背后，用手握住伤肢的上臂，术者一手握伤肢腕部，另一手拇指抵住尺骨鹰嘴，与助手对抗牵引数分钟，然后逐渐使肘关节屈曲，即可复位（无经验者不宜对伤者关节进行复位，应固定伤肢保持原姿势，迅速送往医院救治）。

六、骨　折

急剧的外力作用引起骨质连续性被破坏，使骨质分离，包括骨裂在内，均称为骨折。根据损伤的程度，损伤性骨折又分为完全骨折和不完全骨折两大类。完全骨折是指整个骨质完全断离，或一分为二地横断、斜断，或断为多块。成多块断离的骨折又称为粉碎性骨折。不完全骨折是指骨质的一部分被破坏，骨质的另一部分尚保持着联系，并未完全断开。

由于骨折造成局部出血，骨折的部位常有水肿，外伤着力部位或骨折处的下方还可能出现淤血。完全骨折后，由于断骨错位，常常造成肢体畸形，骨折处会出现异常的骨突起，甚至有拉长、短缩、旋转、折角等现象。同时会出现严重的功能障碍，表现为局部活动受限或肢体完全不能活动。

在训练或对抗中，如防护不及时，头部被拳脚、棍棒等钝器击打，头部、肢体等部位易出现骨折。倒地防护不正确或在外力作用下摔倒，以手、肘接触地面，极易发生桡骨、尺骨、肱骨或锁骨骨折。

闭合性骨折的现场急救最重要一点在于不能让伤者的伤处活动，因为活动可以产生剧烈的疼痛，还可以使损伤处血肿扩大，有时甚至还会损伤一些神经和血管。这种不让受伤处活动的办法称为“骨折固定”。由于受伤的现场情况各不相同，具体抢救时就应该根据不同的受伤部位，采用不同的方式方法因地制宜地做到骨折固定，固定后应立即送往医院救治。

开放性骨折是在骨折处的皮肤软组织损伤，局部有流血不止，或者在骨折处直接可看到断裂的骨骼。现场急救时，切不可慌慌张张地背起伤者就往医院跑。合理的处理办法如下。

（一）保护好伤口，尽可能使用干净的布类或现有的无菌包扎材料，覆盖于伤口上，并稍加压力作包扎。

（二）将骨折处的肢体固定起来，尽可能及早（3～6 小时内）送到医院，减少局部化脓和产生败血症的机会。切忌用水冲洗，或自作主张地“上药”，或在原地作手法复位，加剧疼痛。

七、休　克

休克是指人体受到强烈的有害作用而引起的一种急性循环功能不全综合症。在训练中出现的休克多见于外伤性休克，主要是损伤引起的剧烈疼痛或震荡所致。

对于擒拿格斗来说，多在对抗中由于头部、腹部、裆部受到严重挫伤，从而引起神志不清、面色苍白、四肢无力、血压下降等休克现象。出现休克时，应立即让伤员平卧，头侧偏，注意防寒或防暑，不可随意搬动和让伤员坐或站立。对昏迷不醒者，可掐人中或嗅以氨水使之苏醒。

如果出现昏迷时间在5分钟以上；清醒后头晕、恶心、呕吐剧烈、两瞳孔不对称或变形；清醒后有颈项强直或出现第二次昏迷时，说明头部严重损伤，应立即送医院处理。

八、窒　息

人体的呼吸过程由于某种原因受阻或异常，外呼吸、内呼吸、血液的运输这三个环节任何一个过程发生障碍，所产生的全身各器官组织缺氧，二氧化碳储留而引起的组织细胞代谢障碍、功能紊乱和形态结构损伤的状态称为窒息。

（一）外窒息和内窒息

呼吸运动可以具体地分为外呼吸和内呼吸，窒息也可以由此而分为外窒息和内窒息。

在生理学上，将氧气和二氧化碳通过呼吸道进出肺脏，以及在肺内进行的气体交换称为外呼吸，在人体各组织与血液之间进行的气体交换称为内呼吸。

当外呼吸发生阻碍时，外界的气体不能吸入肺内，肺内的气体（主要是二氧化碳）不能排出体外，以致在肺内不能完成气体交换。这种因外呼吸受阻引起的窒息，称为外窒息。当内呼吸发生阻碍时，组织细胞与血液之间无法进行气体交换，组织细胞中的二氧化碳不能进入血液，血液中的氧气也不能供给组织细胞，由此而引起的窒息，称为内窒息。

在窒息过程中，肌肉工作需要消耗大量的氧，因此，在发生窒息时，随着全身痉挛的发生，全身的肌肉组织会陷于极度缺氧状态，并出现全身性肌肉弛缓，不能站立，不能举手，失去基本的活动能力。

一般由各种外力所引起的窒息，都属于外窒息，如压迫颈部、胸腹部，阻塞呼吸道等，而内窒息常常是由某些疾病或中毒所引起。外窒息多见于外力阻塞呼吸道，如勒、扼压迫颈部，捂压口、鼻孔，或重力压迫胸、腹部等。

在擒拿格斗剧烈对抗中，由于实力悬殊，窒息也会发生，但多为外窒息。如出现窒息状况，应立即松解或剪开颈部的扼制物或绳索，然后将昏迷者下颌上抬或压额抬后颈部，使头部伸直后仰，解除舌根后坠，使气道畅通。如果呼吸停止应立即进行人工呼吸或胸外按压；病人有微弱呼吸时，可给予高浓度吸氧。如果窒息并出现骨折状况，应立即送往医院救治。

（二）窒息的过程及窒息的症状

窒息是机体各器官系统的机能遭缺氧损害的共同反应。窒息并不一定都立即引起死亡。窒息也有一定过程。一般呼吸受阻40～50秒钟，就会出现窒息症状。如果阻碍呼吸的时间更长，窒息症状也会显著加重，直至死亡。由于人的大脑皮质细胞对缺氧的耐受力极差，它对缺氧的敏感性要比肌肉细胞高2.2倍，因此，窒息以后，人最终将死于大脑缺氧。法医学根据窒息时机体遭受损害的程度，将窒息过程分为六期。

1. 窒息前期：机体发生呼吸障碍，首先是氧气吸入的障碍，因机体内还有一些氧的残留，故短时间机体无症状。此期一般持续仅0.5～1分钟，身体虚弱的人难以支持，而身健或训练有素的登山、潜水运动员，却可延长3～5分钟。

2. 吸气性呼吸困难期：机体新陈代谢耗去体内的残余氧并产生大量二氧化碳储留，使体内缺氧加重，在二氧化碳的刺激下，呼吸加深加快，但以吸气过程最为明显，呼吸呈喘气状，此时心跳加快，血压上升，表现为强烈的吸气欲望，此期持续约1～1.5分钟。

3. 呼气性呼吸困难期：此期体内二氧化碳持续增加，呼吸加剧，出现呼气强于吸气运动。此时机体颜面青紫肿胀，颈静脉怒张，呈典型的窒息征象。并可能出现意识丧失、肌肉痉挛、甚至出现排尿排便现象。此期持续时间数秒至数十秒钟，但一般不超过1分钟。

4. 呼吸暂停期：此期呼吸中枢由兴奋转为抑制，呼吸变浅、慢，甚至暂时停止，心跳微弱、血压下降，肌肉痉挛消失，状如假死，此期持续约1分钟。

5. 终末呼吸期：由于严重缺氧和过多的二氧化碳积蓄，呼吸中枢再度受刺激而兴奋，呼吸活动又暂时恢复，呈间歇性吸气状态，鼻翼扇动。同时血压下降，瞳孔散大，肌肉松弛。此期持续1～5分钟。

6. 呼吸停止期：此期呼吸停止，但尚有微弱的心跳，可持续数分钟至数十分钟，最后心跳停止，死亡。

由于脑细胞对缺氧极为敏感，因此在窒息出观1～3分钟后，即窒息昏迷发生后，如果阻断呼吸的外力仍不解除，即便不造成死亡，也会形成永久性的脑损伤，如惊厥、健忘、记忆障碍、精神错乱等。

如果在阻断呼吸的同时，强度刺激迷走神经，如在扼颈时压迫颈上的迷走神经及其分支能够加快呼吸停止和心跳停止，迅速造成死亡。

第二节　擒拿格斗损伤的预防

擒拿格斗的教学与训练是一个长期艰苦的过程。通过教学与训练，一方面使有机体在形态、生理、生化等方面产生一系列适应性的良好变化，并且由少到多、由低到高地渐进积累；另一方面使运动员掌握和提高技术、战术，并能在对抗中熟练运用。在这一过程中，由于某个环节的疏忽就可能导致学生出现运动损伤。为了减少或避免发生运动损伤，在教学和训练中必须注意损伤预防，关于运动损伤预防的原则，中外长期以来都十分关注，并反复争论。

运动损伤的预防可从技术上分成一级预防、二级预防、三级预防。

一级预防就是提高健康水平防止损伤发生。

二级预防就是早期诊断、早期正确治疗，阻止病情恶化。

三级预防就是功能重建，防止损伤致残，也就是康复。

在运动实践中及时地提供损伤预防的建议非常有价值。可以用很常用的预防损伤的技术就可以达到目的。如对易损伤的关节进行支持带加固。对队员早先损伤的问诊来帮助队员早期明确其损伤的机制而预防再次损伤。建立运动损伤预防的策略，和教练配合做出不同季节的损伤预防办法。建立正确的机械运动学原理是非常重要的。任何体育活动都是通过运动人体来完成的。而运动人体必须符合人体解剖、生理、生物力学的规律，否则就不会有优秀的成绩，还会造成运动损伤。人体机械运动学原理就是人体解剖学、生理学、生物力学、生物化学在人体运动中综合表现规律的科学原理。也就是某个项目中的技术动作本身的自然规律。如果符合这个规律就能提高机能能力，创造出金牌。如果不符合这个规律就会造成运动损伤。所以运动损伤的预防是多学科交叉的科学，必须要运动队中所有人员的合作才能完成。

一、准备活动要充分

在课前或对抗前，必须安排20～30分钟做充分的准备活动，包括跑步、关节操、热身操、拉韧带等，使关节、韧带的伸展、旋转的幅度由轻到重、由小到大充分拉开，并使身体发热和兴奋。不要一到运动场，头脑一热就伸胳膊踹腿。尤其在天冷或天热、情绪兴奋或抑制时，准备活动不充分最容易受伤，对于初学、初练者更应予以重视。不要由于准备活动不充分而造成损伤，从而影响教学和训练，甚至留下难以挽回的遗憾。

二、要遵守教学与训练的原则

擒拿格斗教学与训练的重要原则，就是系统性、循序渐进和区别对待。由于擒拿格斗自身的项目特点，学生在掌握技术和运用技术的过程中不仅要承受生理、生化适应性变化的“痛苦”，还要承受对抗中的“皮肉之苦”，所以从事擒拿格斗运动要做好充分的思想准备，持之以恒，配合好教练员的安排。如果怕苦、怕累、怕痛而间断训练，是引起损伤的最大隐患。另外在训练的安排上，要根据实际情况，深入细致地筹划。不要在防守动作还没有形成“动力定型”，就进行攻防实战练习；倒地的自我保护动作还没有掌握好，就进行摔法练习；抗击防护能力还比较薄弱时，就进行对抗练习。

一旦违反了教学与训练原则，都是导致运动损伤的重要隐患。练习时一定要先学基本动作，再学基本技术，同时加强专项和非专项身体素质练习。攻防练习要由轻到重、由简到繁、由易到难，当形成有意识的进攻和防守，并具备了打击和抗击打能力时，再安排小范围的对抗，使身体各部分机能逐步适应训练和实战，然后才能进行大强度、大运动量的练习。

由于年龄、素质、基础的不同，学生之间必然存在个体差异，因此要贯彻区别对待原则，不能操之过急，个别与整体都要逐步提高训练水平，从而减少运动损伤，保证学生训练的长期性和持续性。

三、提高训练水平

擒拿格斗的对抗性强、格斗激烈，要求学生具备全面的技术动作和战术方法，以及良好的身体素质和心理素质。这些方面都需要在日常训练中不断积累，容不得“缺斤短两”。如果教练员、学生不能严格要求，只看重暂时的输赢，以此引发的运动损伤对学生今后生活和学习的影响则是长远的。

例如：有些队员技术单一，比赛的漏洞就多，进而就会被对手控制，受伤的可能性就大；有些队员虽然技术较全面，但抗击打能力差，往往打到对方反而使自己的拳、脚出现擦伤或挫伤；有些队员临场应变能力差，容易出现攻防的盲目性，甚至丧失信心，这也是导致受伤的隐患；有些学生由于专项和非专项身体素质差，随着体能的消耗，只能看着进攻，自己连防守招架的力量都没有了，这种情况下怎么会不受伤?

在擒拿格斗的对抗中，由于场地、器材等客观原因也有偶然性损伤，但训练水平不高所造成的损伤比例很大，因此要予以充分的重视。

四、加强医务监督

医务监督是预防运动损伤和保证教学训练健康的有效措施。内容包括：防护器具的应用；场地器械的卫生；合理训练的安排；完善恢复的手段；心理方面的因素；营养方面的因素；支持带的使用。

学生要采用自我检查的方法，把教学训练、对抗状态、健康状态以及身体反应等情况定期记录在训练日记中，作为医学观察的一项重要内容。如果有伤，要及时治疗、调整训练，不要延误。教练员和学生都要配合医生的工作，尊重医生的意见。学生如果伤病未愈就参加训练和对抗，往往会使伤病加重或造成新的损伤。

（一）肌肉拉伤的预防

肌肉拉伤的预防，主要是针对发生的原因进行的。例如，大强度运动前要做好准备活动，尤其是易拉伤部位的准备活动；体质较弱者练习时要量力而行，防止过度疲劳和负荷太重；要提高动作技能的协调性，不要用力过猛；改善锻炼条件，注意练习场所的温度。冬季在野外锻炼时要注意保暖，不可穿得太薄；要注意观察肌肉的反应，如肌肉的硬度、韧性、弹力、疲劳程度等。肌肉拉伤后重新参加锻炼时要循序渐进，切勿操之过急，并要加强局部保护，防止再度拉伤。

（二）韧带损伤的预防

韧带损伤易发生的部位是踝关节、腕关节和膝关节，所以锻炼时可在这些部位加一些支持保护带。例如，在足球运动中运用护膝，在篮球、网球运动时运用护腕；避免在不平整的场地上锻炼；减少篮、足球运动中的一些冲撞动作；平常多做加强关节周围肌肉伸展性的练习，以增大肌肉对关节的支持力。

（三）腰扭伤的预防

在剧烈运动前要做好充分的准备活动，特别是要做好腰部的准备活动，如前后弯腰、左右转身、上跳下蹲等，待腰部的血液流通、局部发热后再参加剧烈活动。

要注意体育活动时的姿势正确，用力得当。不管从事哪一项体育活动，都要掌握一定的动作要领。腰部用力要逐渐加强，动作要协调平衡，不要过猛。

要加强腰部肌肉的锻炼，尤其是以腰部活动为主的练习项目，能够使脊椎骨的活动度增加，韧带的弹性和伸展性增强，肌肉更加发达有力，即使在担负较大力量的情况下，也不容易发生撕裂扭伤现象。

（四）骨折的预防

在剧烈运动中，尽量减少冲撞性的动作，尤其是作用时间短、强度大的动作是骨折发生的最危险因素，比如足球运动中腿部受到冲撞，胫腓骨极易发生骨折；进行体操动作练习时腕部舟状骨折容易发生。总之，避免剧烈运动中的碰撞，骨折的发生率将大大降低。

第三节　擒拿格斗损伤的康复

康复训练是指锻炼者遭受损伤后进行有利于恢复或改善功能的身体活动。对锻炼者来说，除严重的损伤需要休息治疗外，一般的损伤是不必绝对停止身体练习的。而且，通过适当的、有目的的身体练习和功能锻炼，对于损伤的迅速愈合和促进功能的恢复有着积极的作用。

一、康复训练的目的

（一）保持锻炼者已经获得的良好身体状态，使其一旦伤愈便能立即投入到正常的体育锻炼中去。

（二）防止因停止锻炼而引起的各种疾病。这是因为个体在长期的体育锻炼中建立起来的各种条件反射性联系，一旦突然停止锻炼便可能遭到破坏，进而产生严重的机能紊乱，如神经衰弱、胃扩张、胃肠道机能紊乱（功能性腹泻）等，即出现所谓的“停训综合症”。

（三）锻炼者伤后进行适当的锻炼，可加强关节的稳定性，改善伤部组织的代谢与营养，加速损伤的愈合，促进功能、形态和结构的统一。

（四）通过伤后的康复训练，可以使机体能量代谢趋于平衡，防止体重的增加，缩短伤愈后恢复锻炼所需的时间。

二、康复训练的原则

（一）伤后的康复训练以不加重损伤、不影响损伤的愈合为前提。应尽量不停止全身的和局部的活动。而且，伤部肌肉的锻炼开始得愈早愈好。

（二）在进行康复训练时，要根据自己的年龄、损伤的部位和特点来选择伤后锻炼的手段和内容，安排好局部和全身的锻炼时间和活动量。

（三）康复训练时活动量的安排，必须遵守循序渐进的原则。特别是在进行损伤愈合过程中的局部锻炼时，其动作的幅度、频率、持续时间、负荷量的大小等都应逐渐增加。否则，会加重损伤或影响损伤的愈合，甚至会使损伤久治不愈而成陈旧性损伤。

（四）康复训练应注意局部专门练习与全面身体活动相结合。在损伤初期，由于局部肿胀充血、疼痛和功能障碍等，这时以全面身体活动为主，在不加重局部肿胀和疼痛的前提下，进行适当的局部活动。随着时间的推移，损伤逐渐好转或趋向愈合，局部活动的量和时间可逐渐增加。

三、建立康复档案

康 复 档 案

基本资料

档案编号：

姓名		性别		民族		年龄	
出生地		出生日期					
职业（专项）		运动等级		工作单位			
现住址		联系电话					
电子邮箱		联系人姓名					
关系		地址		电话			
首次康复日期		截止康复日期					
临床诊断							
月经史（女性）							
运动经历							

运动成绩	
患者现状	
康复患者主诉	

康 复 处 方

康复评定资料

<table>
<tr><td rowspan="5">康复锻炼前评定</td><td>肢体围度</td><td colspan="2"></td></tr>
<tr><td rowspan="2">肌力测试</td><td>徒手肌力</td><td></td></tr>
<tr><td>等速肌力测试</td><td></td></tr>
<tr><td colspan="2">关节活动范围测试（ROM）</td><td></td></tr>
<tr><td colspan="2">其他测试</td><td></td></tr>
</table>

<table>
<tr><td rowspan="5">康复锻炼中期评定</td><td>肢体围度</td><td colspan="2"></td></tr>
<tr><td rowspan="2">肌力测试</td><td>徒手肌力</td><td></td></tr>
<tr><td>等速肌力测试</td><td></td></tr>
<tr><td colspan="2">关节活动范围测试（ROM）</td><td></td></tr>
<tr><td colspan="2">其他测试</td><td></td></tr>
</table>

<table>
<tr><td rowspan="5">康复锻炼效果评定</td><td>肢体围度</td><td colspan="2"></td></tr>
<tr><td rowspan="2">肌力测试</td><td>徒手肌力</td><td></td></tr>
<tr><td>等速肌力测试</td><td></td></tr>
<tr><td colspan="2">关节活动范围测试（ROM）</td><td></td></tr>
<tr><td colspan="2">其他测试</td><td></td></tr>
</table>

小　结

本章主要讲授了防卫者在进行教学训练时可能出现的运动损伤以及防治及康复。由于训练者的最终目的是达到最大限度地避免伤害，因此，格斗训练时更加贴近生活实战，在有保护措施的情况下，要采取各种技法进行反击控制对方。在这种激烈的对抗中，由于不同原因，难免会出现不同程度的损伤，因此，需要教练员、学生对损伤的致因、症状、处理、急救的基础知识进行了解和掌握，便于科学地指导教学训练。任何竞技体育由于超负荷的训练积累，损伤难以避免，尤其对抗性竞技项目，由于选手主观态度的不端正、情绪的不稳定、认知的缺失等原因，客观的场地、器材准备不足、天气变化和教练员训练计划、大纲的错误等原因，一般损伤时有发生。擒拿格斗术项目研练的就是控制对方，表象上看更易发生损伤，但在正确理解项目特征的情况下，完全可以避免损伤的发生。因此，教学训练一定要循序渐进，技法类型逐步转换，要同一标准、同一内容、同一水平进行较技，逐渐演化全方位格斗，同时加强身体全面的、局部的力量、柔韧训练，提高稳固、对抗能力。

思考题：

1. 在擒拿格斗训练中出现擦伤、挫伤如何处理？
2. 如何认识擒拿格斗训练中的运动损伤？
3. 简述康复训练的原则？

第九章　擒拿格斗的比赛规则

第一节　通　则

第一条　竞赛性质

团体比赛、个人比赛。

第二条　竞赛办法

一、循环赛、淘汰赛。

二、青少年赛每场比赛两局，每局净打 5 分钟，局间休息 1 分钟；成人赛每场比赛三局，每局净打 5 分钟，局间休息 1 分钟。

第三条　资格审查

一、运动员必须持有所代表国家或地区的护照。

二、青少年运动员的参赛年龄为 15 ~ 18 周岁以下；成年运动员的参赛年龄为 18 ~ 35 周岁。

三、运动员必须有参加该次比赛的人身保险证明。

四、运动员参赛时必须出示至报到之日起前 20 天内包括脑电图、心电图、血压、脉搏等指标在内的体格检查证明。

第四条　体重分级

一、青少年赛

（一）48 公斤级（≤48 公斤）

（二）52 公斤级（ >48 公斤—≤52 公斤）

（三）56 公斤级（ >52 公斤—≤56 公斤）

（四）60 公斤级（ >56 公斤—≤60 公斤）

（五）65 公斤级（ >60 公斤—≤65 公斤）

（六）70 公斤级（ >65 公斤—≤70 公斤）

二、成人赛

（一）60 公斤级（＞56 公斤—≤60 公斤）
（二）65 公斤级（＞60 公斤—≤65 公斤）
（三）70 公斤级（＞65 公斤—≤70 公斤）
（四）75 公斤级（＞70 公斤—≤75 公斤）
（五）80 公斤级（＞75 公斤—≤80 公斤）
（六）85 公斤级（＞80 公斤—≤85 公斤）
（七）90 公斤级（＞85 公斤—≤90 公斤）
（八）90 公斤以上级（＞90 公斤）

第五条　称量体重

一、经资格审查合格后，方可参加称量体重。称量体重时必须携带本人运动员注册证或护照。

二、称量体重须在比赛竞赛委员会的监督下，在指定的时间和地点，由检录长负责编排，记录员配合完成。

三、称量体重时裸体或只穿短裤（女运动员可穿紧身内衣）。

四、称量体重先从体重轻的级别开始，体重不符合报名级别的运动员必须在 2 小时内重新称量体重，如体重不符，则不准参加比赛。

第六条　服装护具

一、运动员必须穿戴大会指定的分指拳套。青少年运动员穿戴护头、护胸、护膝、护肘；成人运动员不穿护具，穿戴大会指定比赛服装。运动员须自备护齿、护裆（护裆必须穿在短裤内）。比赛的护具分红、黑两种颜色。

二、在比赛中运动员可以穿戴护腿、护踝。

三、运动员比赛时必须剪短并且修剪整齐手指甲和脚趾甲。运动员可以在眼睛和鼻子周围使用凡士林，但必须在组委会人员的监督下；严格禁止运动员在四肢或者身体上使用凡士林、油脂或者其他任何物质，一经发现，运动员将被取消该比赛资格。

第七条　竞赛中的礼节

一、介绍运动员时，运动员向观众行抱拳礼。

二、每场比赛开始前，运动员相互行抱拳礼。

三、宣布结果时，运动员交换站位，宣布结果后，运动员先相互行抱拳礼，再同时向台上裁判员行抱拳礼，裁判员回礼；然后向对方教练员行抱拳礼，教练员回礼。

四、边裁判员换人时，互相行抱拳礼。

第八条　弃　权

一、不能按时参加称量体重，赛前3次点名未到或点名后擅自离开，不能按时上场者，作无故弃权论。

二、比赛期间，运动员无故弃权，取消本人全部成绩。

第二节　裁判人员及其职责

第九条　裁判人员的组成

一、裁判长1人，副裁判长1人。
二、执行台上裁判员、记录员、计时员各1人，边裁判员3人。
三、编排记录长1人。
四、检录长1人。

第十条　辅助裁判人员的组成

一、编排记录员4人。
二、检录员3~5人。
三、医务人员2~3人。
四、宣告人员1~2人。

第十一条　裁判人员的职责

一、裁判长

（一）负责本组裁判员的学习和工作安排。
（二）比赛中监督、指导裁判员、计时员、记录员的工作。
（三）每场比赛结束后，核分宣告评判结果。
（四）每场比赛结束时审核、签署比赛成绩。

二、副裁判长

副裁判长协助裁判长的工作，根据需要可以兼任其他裁判员的工作。

三、台上裁判员

（一）根据场上运动员的情况和记录员的记录，处理优势胜利、犯规、消极、强制读秒、临场治疗等有关事宜。

（二）每局比赛结束，转交记分表给裁判长；宣布每场比赛结果。

四、边裁判员

（一）根据规则记录运动员的得分。

（二）每局比赛结束，把记分表上交台上裁判员。

五、记录员

（一）赛前认真填写每对运动员记录表。

（二）参加称量体重并将每名运动员的体重填入每场比赛的统计表。

（三）记录边裁判员每局的评判结果，确定胜负后报告裁判长。

六、计时员

（一）赛前检查铜锣、计时钟，核准秒表。

（二）负责比赛、暂停、局间休息的计时。

（三）每局赛前 10 秒钟鸣哨通告。

（四）每局比赛结束鸣锣通告。

七、编排记录长

（一）负责运动员资格审查，审核报名单。

（二）负责组织抽签，编排每场秩序表。

（三）准备竞赛中所需要的表格，审查核实成绩、录取名次。

（四）登记和公布各场比赛成绩。

（五）统计和收集有关材料，汇编成绩册。

八、编排记录员

根据编排记录长分配的任务进行工作。

九、检录长

（一）负责称量运动员体重。

（二）负责护具的准备与赛中管理。

（三）赛前20分钟负责召集运动员点名。
（四）按照规则的要求，检查运动员的服装和护具。

十、检录员

根据检录长分配的任务进行工作。

十一、医务人员

（一）审核运动员《体格检查表》。
（二）配合兴奋剂检测人员检查运动员是否使用违禁药物。
（三）负责赛前对运动员进行体检抽查。
（四）负责临场伤病的治疗与处理。
（五）负责因犯规造成运动员受伤情况的鉴定。

第三节 使用方法、得分标准与判罚

第十二条 使用方法

可以使用武术的各种攻防招法，以及绞技、关节技。

第十三条 禁击部位

后脑、颈部、裆部。

第十四条 得分部位

头部、躯干、大腿。

第十五条 禁用方法

一、用头的动作攻击对方。
二、用迫使对方头部先着地的摔法或有意砸压对方。
三、用手指钩拽对手的嘴、鼻孔、眼睛和耳朵。
四、攻击眼睛。
五、用头撞击对手。
六、咬人。
七、用膝、肘击打对手面部、头部。
八、抓挠、掐捏或者拧扭对手的皮肉、耳朵。

九、对手指、脚趾等小关节的抓挠、掐捏或者拧扭。
十、在使用绞技的过程中禁止绞对方的嘴。

第十六条　得分标准

一、得 1 分

（一）用腿法击中对方头部、躯干、大腿，得 1 分。
（二）用手法击中对方得分部位，得 1 分。
（三）对方倒地或先后倒地，得 1 分
（四）被强制读秒一次，对方得 1 分。
（五）受警告 1 次，对方得 1 分。

二、不得分

（一）方法不清楚，效果不明显，不得分。
（二）使用膝、肘，不得分。
（三）抱缠时击中对方，不得分。
（四）下擂不得分。

第十七条　犯规与罚则

一、侵人犯规

（一）在口令“开始”前或喊“停”后进攻对方。
（二）击中对方禁击部位。
（三）使用禁用方法。

二、罚　则

（一）每出现一次侵人犯规，警告 1 次。
（二）侵人犯规达 3 次，取消该场比赛资格。
（三）运动员故意伤人，取消比赛资格，所有成绩无效。
（四）运动员使用违禁药物，或局间休息时输氧，取消比赛资格，所有成绩无效。

第十八条　暂停比赛

一、运动员受伤时。
二、运动员犯规受罚时。

三、运动员相互抱缠没有进攻动作或无效进攻时。

四、当一方运动员倒地且背部着地呈防御式，如果对手不靠近，将被要求重新站立进行比赛；如果站立的运动员希望倒地的运动员重新站立，站立运动员应该退后，让倒地运动员重新站立进行比赛。

五、双方运动员处于倒地僵局状态，并且没有改善位置、逃脱或者进攻的动作，分开双方运动员并且使运动员们重新回到站立姿势。

六、当运动员出比赛区域或者移出比赛区域时，双方运动员应该立即停止所有动作，等待裁判员指引他们回到比赛区域中央，并且以暂停前的同样姿势重新进行比赛；当一名运动员已经移出比赛区域时，裁判员将指引运动员回到比赛区域中央，比赛以裁判员指定的姿势重新进行。

七、运动员由于客观原因举手要求暂停时。

八、处理场上问题或发现险情时。

九、因灯光、场地等客观原因影响比赛时。

第四节　胜负与名次评定

第十九条　胜负评定

一、优势胜利

（一）在比赛中，双方实力悬殊，台上裁判员征得裁判长的同意，判技术强者为该场胜方。

（二）被重击（侵人犯规除外）倒地不起达 10 秒，或虽能站立但知觉失常，判对方为该场胜方。

（三）一场比赛中，被重击强制读秒（侵人犯规除外）达 3 次，判对方为该场胜方。

（四）运动员用语言表示认输或弃权，或者选手用肢体（手或脚）连续拍击垫子或对手身体三次以上表示认输或弃权，场上裁判员应该终止比赛并判这名运动员的对手获胜。

（五）倒地后，使用绞技技术并形成控制状态，终止比赛，判对方为胜方。

二、每局胜负评定

（一）一局比赛中，一方受重击被强制读秒（侵人犯规除外）2 次，另一方为该局胜方。

（二）一局比赛中，一方被 4 次指定进攻，另一方为该局胜方。6 秒被动指定 1 次。

三、每场胜负评定

（一）累计每局得分，以边裁得分判定胜负；若平局，加赛一局，每局 3 分钟，依次类推。

（二）比赛中，因一方犯规，另一方诈伤，经医务监督确诊后，判犯规一方为该场胜方。

（三）因对方犯规而受伤，通过医务监督检查确认不能继续比赛者，为该场胜方。但不得参加以后的比赛。

第五节 口令与手势

第二十条 台上裁判员口令与手势

一、抱拳礼

双腿并立，左掌右拳于胸前相抱，高与胸齐，手与胸之间距离为20~30厘米（图9-5-1①②）。

二、双方运动员行礼

双臂屈于体前，左掌盖于右拳背之上，示意运动员行礼（图9-5-2）。

图9-5-1①

图9-5-1②

图9-5-2

三、第一局

面向裁判长席，成弓步，一手食指竖起，其余四指弯曲成握拳状，直臂前举（图9-5-3）。

四、第二局

面向裁判长席，成弓步，一手食指、中指伸直分开竖起，其余三指弯曲，直臂前举（图9-5-4）。

五、第三局

面向裁判长席，成弓步，一手拇指、食指、中指分开竖起，其余两指弯曲，直臂前举（图9-

5－5)。

图9－5－3

图9－5－4

图9－5－5

六、“预备——开始”

立于双方运动员中间成弓步，在发出“预备”口令的同时，两臂伸直，仰掌指向双方运动员。在发出“开始”口令的同时，两手俯掌内合于腹前（图9－5－6①②)。

七、“停”

在发出“停”的口令同时成弓步，立掌单臂伸向双方运动员中间（图9－5－7)。

图9－5－6①

图9－5－6②

图9－5－7

八、读　秒

面对运动员，屈臂握拳于体前，拳心朝前，从一手拇指至小指依次张开，间隔1秒（图9－5－8)。

九、强制读8秒

面向裁判长席，单臂拇指竖直，其余四指弯曲（图9－5－9）。

十、指定进攻

单臂伸向双方运动员中间，拇指伸直，其余四指弯曲，手心朝下，在发出“某方”进攻口令的同时，向拇指方向横摆（图9－5－10）。

图9－5－8

图9－5－9

图9－5－10

十一、警　告

一臂伸直，指向犯规运动员，掌心朝上，另一手示出犯规现象后，屈臂握拳上举于体前成90度角，拳心朝后（图9－5－11）。

十二、踢　裆

一臂伸直，指向犯规运动员，另一手掌心向内指向裆部，随后，作警告手势（图9－5－12①②）。

图9－5－11

图9－5－12①

图9－5－12②

十三、击后脑

一臂伸直，指向犯规运动员，另一手俯按后脑，随后，作警告手势（图9－5－13①②）。

图9－5－13①

图9－5－13②

十四、肘犯规

一臂伸直，指向犯规运动员，然后双臂屈于胸前，随后，作警告手势（图9－5－14①②③）。

图9－5－14①

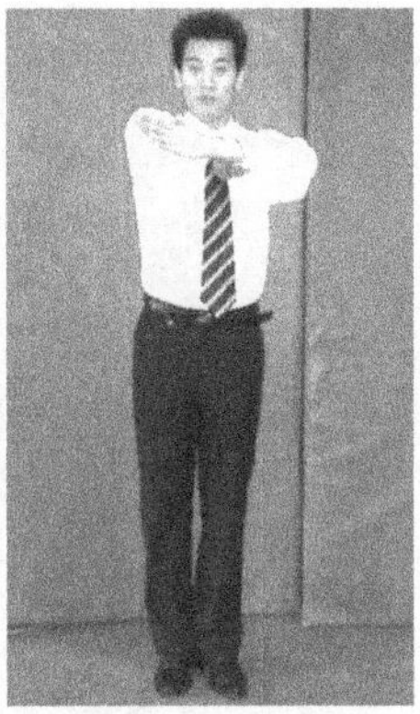

图9－5－14②

图9－5－14③

十五、膝犯规

一臂伸直，指向犯规运动员，然后提膝，用手拍盖膝部，随后，作警告手势（图9－5－15①②）。

图9－5－15①

图9－5－15②

十六、击颈部

一臂伸直，指向犯规运动员，另一手掌心向内颈部，随后，作警告手势（图9－5－16①②）。

十七、取消比赛资格

两手握拳，两前臂交叉于胸前（图9－5－17）。

图9－5－16①

图9－5－16②

图9－5－17

十八、无　效

两臂伸直，在腹前交叉摆动1次（图9－5－18①②③）。

图9－5－18①

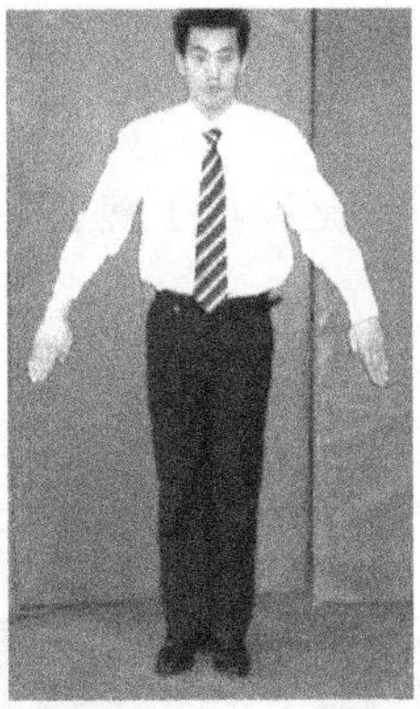

图9－5－18②

图9－5－18③

十九、急　救

面对大会医务席，两手立掌，两前臂在胸前成十字交叉（图9－5－19）。

二十、休　息

仰掌，侧平举指向双方运动员休息处（图9－5－20）。

二十一、交换站位

站立在擂台中央，双臂伸直在腹前交叉（图9－5－21）。

图9－5－19

图9－5－20

图9－5－21

二十二、获　胜

平行站于两名运动员中间，一手握获胜运动员手腕上举（图9－5－22）。

二十三、优势胜利

站于运动员体侧，一手握获胜运动员手腕上举（图9－5－23）。

图9－5－22

图9－5－23

参 考 文 献

[1] 马学智．跟专家练散手［M］．北京：北京体育大学出版社，2000.
[2] 邱丕相．中国武术教程（下册）［M］．北京：人民体育出版社，2004. 276
[3] 张山，江百龙．中国体育教练员岗位培训教材（散手）［M］北京：人民体育出版社，1999. 41 ~ 102
[4] 王安利等译．运动损伤的预防与治疗（内部资料）［M］．北京：国家体育总局科教司，2007. 235 ~ 298
[5] 胡声宇．运动解剖学［M］．北京：人民体育出版社，2002. 38 ~ 162
[6] 宋继新．竞技教育学［M］．北京：人民体育出版社，1999. 24 ~ 94
[7] 温力．武术文论［M］．北京：人民体育出版社，2004. 160 ~ 168
[8] 杨少雄．武术散打运动员损伤机制的调查与分析［J］．沈阳师范大学学报，2005（7）：310 ~ 313
[9] 商华．青少年跆拳道、散打、拳击运动中的损伤［J］．武汉体育学院学报，2000（5）：91 ~ 92
[10] 曹文华．武术散打选修课常见运动损伤与预防［J］．福建体育科技，2004（6）：47 ~ 48
[11] 卞今涛．武术散打运动中膝关节损伤的原因与防治［J］．解放军体育学院学报，2003（4）：84 ~ 86
[12] 刘铭良．浅析武术散打运动员损伤的原因及预防措施［J］．中国医学工程，2005（12）：651 ~ 653
[13] 张风雷．武术防卫学［M］．北京：人民武警出版社，2003. 5
[14] 王爱博．人体要害暴力损伤与救治［M］．北京：警官教育出版社，1990. 10
[15] 矫玮．运动损伤双语教程［M］．北京：北京体育大学出版社，2003. 30
[16] 催野．武术散打项目运动损伤的研究［J］．沈阳体育学院学报，2006（12）：7
[17] 陈启明．运动医学与科学［M］．北京：人民体育出版社，1998. 5
[18] 吴东明，王健．体能训练［M］．北京：高等教育出版社，2006. 77
[19] 田麦久．运动训练学［M］．北京：人民体育出版社，2001. 184
[20] 张英波．现代体能训练方法［M］．北京：北京体育大学出版社，2006. 1
[21] 王卫星，蔡有志．体能—力量训练指南［M］．北京：北京体育大学出版社，2006. 1
[22] 李其彪．柔道入门［M］．兰州：甘肃人民出版社，1982. 20
[23] 祝春林主编．擒拿格斗技能［M］．北京：群众出版社，2000. 113
[24] ［日］山崎照朝．实战空手［M］．北京：北京出版社，2003. 54
[25] 舒建臣．泰拳实战攻防技术［M］．北京：人民体育出版社，2006. 249
[26] 李京明，李天植．跆拳道对打技术［M］．北京：人民体育出版社，2003. 34 ~ 41
[27] ［美］冬·姆塞托马斯·朗．柔术［M］．北京：人民教育出版社，2005. 65
[28] 袁镇澜．散打与摔跤［M］．桂林：广西师范大学出版社，2000. 72
[29] 李贤英．柔道［M］．北京：北京体育大学出版社，1995. 25 ~ 40
[30] 冈野．柔道寝技［M］．日本：日贸出版社，1975. 40 ~ 50
[31] 魏峰．高级格斗术与功力训练［M］．北京：北京体育大学出版社，2005. 119 ~ 124
[32] 宋兆年．柔道教练员岗位培训［M］．北京：人民体育出版社，2003. 80 ~ 81
[33] 孙波．柔道术［M］．大连：大连海事大学出版社，2005. 70 ~ 74